DIRETOR ESCOLAR
educador ou gerente?

EDITORA AFILIADA

Questões da Nossa Época
Volume 56

Dados Internacionais de Catalogação na Publicação (CIP)
(Câmara Brasileira do Livro, SP, Brasil)

Paro, Vitor Henrique
  Diretor escolar : educador ou gerente? / Vitor Henrique Paro.
-- São Paulo : Cortez, 2015.

  ISBN 978-85-249-2316-6

  1. Educação - Finalidades e objetivos 2. Ensino 3. Escolas -
Administração - Brasil 4. Política educacional 5. Sala de aula - Direção I. Título.

14-13272   CDD-371.1024

Índices para catálogo sistemático:
1. Escola : Direção : Educação   371.1024

Vitor Henrique Paro

DIRETOR ESCOLAR
educador ou gerente?

1ª edição
6ª reimpressão

DIRETOR ESCOLAR: educador ou gerente?
Vitor Henrique Paro

Capa: aeroestudio
Preparação de originais: Ana Paula Luccisano
Revisão: Solange Martins
Composição: Linea Editora Ltda.
Coordenação editorial: Danilo A. Q. Morales

Nenhuma parte desta obra pode ser reproduzida ou duplicada sem autorização expressa do autor e do editor.

© 2014 by Vitor Henrique Paro

Direitos para esta edição
CORTEZ EDITORA
Rua Monte Alegre, 1074 – Perdizes
05014-001 – São Paulo – SP
Tel. (11) 3864 0111   Fax: (11) 3864 4290
E-mail: cortez@cortezeditora.com.br
www.cortezeditora.com.br

Impresso no Brasil — abril de 2023

Para Helena.

Agradecimentos

À direção e aos professores da escola pesquisada, pela cordialidade com que me acolheram e pela boa vontade com que me facilitaram o trabalho empírico;

A Thais Cossoy Paro, a Iracema Santos do Nascimento e a Daniel Cara que, com espírito crítico, leram os originais deste livro, apresentando críticas e sugestões;

Ao Conselho Nacional de Desenvolvimento Científico e Tecnológico (CNPq), cujo apoio financeiro muito contribuiu para a realização desta pesquisa;

À Faculdade de Educação da Universidade de São Paulo, em cujo Departamento de Administração Escolar e Economia da Educação esta pesquisa se desenvolveu.

Sumário

Lista de siglas 11
Apresentação 13
Introdução 17

1. Administração como mediação 23
2. Diretor e direção 37
3. A escola como objeto da gestão escolar 45
   3.1 Direção escolar e educação 45
   3.2 As políticas educacionais, o educativo e o
       mercantil 50
   3.3 Interferências privadas na escola pública 55
       O público e o privado 56
       O pedagógico 63
       Sequestro e degradação 65
   3.4 O processo de trabalho escolar 69
   3.5 O trabalho docente e sua singularidade 82
   3.6 A singularidade ausente 90

4. Diretor escolar: dirigente *sui generis* para um
   trabalho singular 95

Referências 121

Lista de Siglas

APM — Associação de Pais e Mestres
Emef — Escola Municipal de Ensino Fundamental
Ideb — Índice de Desenvolvimento da Educação Básica
PCN — Parâmetros Curriculares Nacionais
Saeb — Sistema de Avaliação da Educação Básica

Apresentação

Este livro se baseia nos resultados de pesquisa realizada no período de março de 2010 a fevereiro de 2014, que teve como objetivo geral investigar os determinantes pedagógicos e políticos da escola pública fundamental sobre a prática administrativa do diretor escolar (Paro, 2014).

A metodologia envolveu investigação empírica com trabalho de campo na rede pública de ensino e pesquisa bibliográfico-documental. Esta última incluiu, por um lado, o levantamento e a análise da literatura das várias disciplinas que dão fundamento à Educação (Filosofia, História, Sociologia, Antropologia, Psicologia, etc.), em busca de subsídios teóricos para a reflexão a respeito da educação, do processo de ensino, do papel do diretor e do significado da direção escolar. Por outro lado, abrangeu também o exame de pesquisas e trabalhos teóricos recentes a respeito da escola, de sua direção, de seu funcionamento e estrutura, bem como das múltiplas relações que se estabelecem em seu interior.

O trabalho de campo foi realizado em escola pública fundamental localizada no município de São Paulo. A pesquisa privilegiou técnicas qualitativas de análise porque parece ser esta opção a que permite mais adequadamente examinar em profundidade os múltiplos aspectos do objeto em questão. À semelhança de outras investigações que realizei sobre as questões que envolvem a educação escolar de nível fundamental (Paro, 2000, 2003b, 2011, 2016b), pretendia-se, preliminarmente, realizar pesquisa de campo de cunho etnográfico, nos termos propostos pelas pesquisadoras do Departamento de Investigaciones Educativas do México, Justa Ezpeleta, Elsie Rockwell e Ruth Mercado (cf. Ezpeleta; Rockwell, 1986; Rockwell; Mercado, 1986). Todavia, no início da investigação, constatou-se a desnecessidade de minuciosas observações e de meticuloso acompanhamento de atividades no cotidiano da escola (até pela riqueza e quantidade dos dados já recolhidos em pesquisas anteriores), optando-se por valorizar em maior grau as entrevistas com a diretora e outros educadores escolares. Para isso, utilizou-se um roteiro semiestruturado e provisório de entrevistas.

Nessas entrevistas, do tipo semiabertas, foi adotada uma postura bastante elástica pelo entrevistador, de modo que o entrevistado discorresse amplamente e sem constrangimentos a respeito do tema solicitado. Além disso, não consistiram apenas na escuta passiva das respostas dos depoentes, mas procurou-se estabelecer um diálogo, antepondo algum tipo de questionamento às informações e às opiniões expressas pelos entrevistados. Esse mecanismo, utilizado em estudos anteriores (Paro, 2000, 2003b, 2011, 2016b) com bons resultados, é recomendado por Michel Thiollent (1987), para quem, não obstante as críticas que podem ser suscitadas a respeito da "imposição de problemática", "é justamente o questionamento que deveria superar a unilateralidade da observação do outro ao permitir uma real intercomunicação" (Thiollent, 1987, p. 23-24).

Obviamente, não se tratou de entrar em conflito com o entrevistado de modo a comprometer sua espontaneidade ao se expressar, mas de problematizar algumas de suas falas, aprofundando com ele a reflexão sobre o assunto e verificando suas ponderações diante de posições divergentes (cf. Paro, 2016b, p. 34-35). Desse modo, o trabalho de campo ensejou não apenas a coleta de opiniões e impressões, mas também a discussão, o questionamento e o levantamento de problemas e de propostas.

A pesquisa de campo realizou-se, em 2012, numa Escola Municipal de Ensino Fundamental (Emef) de São Paulo, capital do estado do mesmo nome. A unidade escolar, aqui chamada de Otávio Marchetti,[1] tem o nome de seu fundador, segundo Lourdes, sua diretora, um religioso idealista que, com bastante esforço pessoal, conseguiu fazer com que ela começasse a funcionar, ainda na década de 1950. Está situada em bairro de camada média, localizado na Zona Oeste da capital, próximo ao chamado centro expandido da cidade. Em 2012, contava com 820 alunos matriculados, funcionando em dois períodos: da manhã, das 7 às 12 horas, e da tarde, das 13 às 18 horas. Pelas estimativas de Lourdes, cerca de 60% dos alunos são filhos e filhas de servidores domésticos e de outras pessoas que trabalham no bairro.

O livro está organizado em uma introdução e quatro capítulos. Em sua redação utilizei-me fartamente de trechos de três trabalhos anteriores (Paro, 2012c, 2012d, 2013), dispensando-me da utilização das aspas. Na introdução anuncio

---

1. Para manter o sigilo das fontes de informação, o nome da escola, bem como os de todas as pessoas e localidades envolvidas como objetos de pesquisa, são fictícios.

o tema e enfatizo a importância de estudar a ação administrativa do diretor de escola. No primeiro capítulo, é apresentado o conceito de administração como mediação para a busca de fins bem como os elementos teóricos envolvidos nesse conceito. No segundo, examinam-se os significados de direção escolar e de diretor escolar confrontando-os com as noções de administração escolar e de administrador escolar. O terceiro capítulo, de importância central para o tema do livro, ocupa-se da escola como objeto da administração escolar, examinando o processo pedagógico como atividade ao mesmo tempo técnica e política e tendo a educação como o fim a que a direção escolar deve servir. Finalmente, no capítulo 4 é discutida a natureza peculiar da função de diretor escolar em vista do caráter singular do trabalho que ele deve mediar, a educação escolar.

São Paulo, outubro de 2014.

Vitor Henrique Paro

Introdução

"Nenhum problema escolar sobrepuja em importância o problema de administração." Com estas palavras, Antônio Carneiro Leão (1953, p. 13) iniciava, em 1939, o prefácio à primeira edição de sua obra *Introdução à administração escolar*, um dos estudos pioneiros sobre a matéria no Brasil. Desde então, a valorização da administração das escolas no ensino básico tem-se verificado continuamente nas mais diferentes formas e instâncias.

No meio acadêmico, não apenas os estudos específicos sobre administração escolar — desde os trabalhos de José Querino Ribeiro (1938, 1952, 1968) e de Manuel Bergström Lourenço Filho (1972) — mas também os textos que tratam da educação escolar de modo geral enfatizam a relevância da organização e da gestão das escolas. Nos meios políticos e governamentais, quando o assunto é a escola, uma das questões mais destacadas diz respeito à relevância de sua administração, seja para melhorar seu desempenho, seja para coibir desperdícios e utilizar mais racionalmente os recursos disponíveis. Também na mídia e no senso comum acredita-se de modo geral que, se o ensino não está bom, grande parte da culpa cabe à má administração de nossas escolas, em especial daquelas mantidas pelo poder público.

Embora sejam várias as motivações para essa valorização da administração escolar — e não faltam aqueles que são a favor de uma maior "eficiência" da administração escolar com a única ou precípua preocupação com os custos do ensino —, a justificativa comum é a de que o ensino é importante e é por isso que se deve realizá-lo da forma mais racional e eficiente; portanto, é fundamental o modo como a escola é administrada.

Essa justificativa, expressa ou tacitamente, supõe a administração como mediação para a realização de fins. É com este sentido que utilizarei o conceito de administração (ou de gestão, e as palavras serão tomadas aqui como sinônimas); ou seja, "*administração é a utilização racional de recursos para a realização de fins determinados*" (Paro, 2012b, p. 25, grifos no original). Assim, parece óbvio que, quanto maior é a relevância dos objetivos, maior a importância das mediações para se conseguir realizá-los.

Esse conceito deve nos alertar para seu caráter sintético e geral, que permite abarcar toda e qualquer administração, qualquer que seja seu objeto e que, por isso, precisa fazer abstração dos objetos específicos de cada administração concretamente considerada. Isto é, administração é sempre utilização racional de recursos para realizar fins, independentemente da natureza da coisa administrada: por isso é que podemos falar em administração industrial, administração pública, administração privada, administração hospitalar, administração escolar, e assim por diante.

DIRETOR ESCOLAR

Tal conceito diz respeito também a toda a administração, o que inclui os vários "setores" da empresa,[1] ou os vários locais ou momentos do processo a que ela se refere. Isso nos permite falar em administração de pessoal, administração de material, administração financeira, assim como administração de atividades-meio, administração de atividades-fim, etc.

Esse conceito mais rigoroso e abrangente de administração permite compreender que a mediação a que se refere não se restringe às atividades-meio, porém perpassa todo o processo de busca de objetivos. Isso significa que não apenas direção, serviços de secretaria e demais atividades que dão subsídios e sustentação à atividade pedagógica da escola são de natureza administrativa, mas também a atividade pedagógica em si, pois a busca de fins não se restringe às atividades-meio, mas continua, de forma ainda mais intensa, nas atividades-fim (aquelas que envolvem diretamente o processo ensino-aprendizado).

Este tema será desenvolvido mais adiante. Por ora, é importante destacar que a noção de administração do senso comum, deixando de captar o que há de administrativo

---

1. No senso comum, é usualmente empregado o conceito econômico mais restrito de empresa, ou seja, como "organização econômica destinada a produção ou venda de mercadorias ou serviços, tendo em geral como objetivo o lucro" (Ferreira, 2010). Nesse sentido, a escola poderia ou não ser uma empresa, fosse ela respectivamente uma escola privada ou uma escola estatal. É possível, porém, conceber um conceito mais geral e abstrato de empresa, como o fazemos aqui, entendendo-a como *todo empreendimento humano organizado para a produção de algo ou para a busca de fins, com a utilização do esforço humano coletivo.* Nessa acepção, a escola é uma empresa, assim como uma empresa privada qualquer ou um hospital ou uma prisão, cada uma buscando fins diversos (e mesmo antagônicos, às vezes) e com a administração que mais se ajuste a seus fins específicos.

no processo pedagógico (ao limitar a administração às normas e aos procedimentos relativos à organização e ao funcionamento da escola), acaba por valorizar aquele que é o responsável direto pelo controle das pessoas que devem cumprir essas normas e realizar esses procedimentos: o diretor escolar.

Essa valorização do diretor de escola segue paralela à valorização da administração no ensino básico, já que ele é considerado o responsável último pela administração escolar. Quer como aquele que coordena (e controla) o trabalho de todos, quer como líder que estimula subordinados e comanda a proposição e o alcance de metas, o diretor é considerado por todos como o elemento mais importante na administração da escola. Tal valorização não é recente, mesmo na academia. Já em 1936, Antônio F. de Almeida Júnior dizia que "no grupo escolar a figura central é a do diretor. Menos pela situação hierárquica do que pelas qualidades pessoais, é ele o grande animador do trabalho de todos, a força reguladora que estimula ou modera, a sanção cotidiana, que adverte ou que louva." E concluía, não sem certo exagero, que "cada grupo escolar vale o que vale o seu diretor" (Almeida Júnior, 1935-1936, p. 173; cf. Meneses, 1972, p. 122).

A valorização exacerbada do papel do diretor escolar é empregada às vezes como mero álibi para as causas do mau ensino, por parte de autoridades governamentais e indivíduos interessados em minimizar a carência de recursos e os baixos salários dos profissionais da educação. Tais pessoas atribuem ao diretor a responsabilidade quase total pelos destinos da escola.

Entretanto, não deixa de ser procedente a importância dada ao diretor pela população de modo geral, porque é ele que, de acordo com a lei, responde, em última instância, pelo bom funcionamento da escola — onde se deve produzir um dos direitos sociais mais importantes para a cidadania.

Para os estudos da administração (ou gestão) escolar, o que surpreende não é a existência do discurso que valoriza a figura do diretor, pois, como vimos, ele vem se repetindo há muito tempo. O que intriga é a relativa escassez, no âmbito das investigações sobre a realidade escolar no Brasil, de estudos e pesquisas a respeito da natureza e do significado das funções do diretor de escola à luz da natureza educativa dessa instituição.

Embora o tema da direção escolar esteja presente nos estudos de administração escolar,[2] o que se constata é que, desde o estudo de José Augusto Dias (1967) sobre o diretor do ensino médio, na década de 1960, e o de João Gualberto de Carvalho Meneses (1972), sobre os diretores dos grupos escolares, na década de 1970, não se tem conhecimento de nenhum novo estudo empírico que se destaque nacionalmente a respeito das funções do diretor de escola básica.[3]

Entretanto, como já destaquei em várias ocasiões (cf. Paro, 2012b, 2016a, 2016b), o diretor ocupa uma posição não apenas estratégica, mas também contraditória na chefia da

---

2. Em estudo que considera o período de 1987 a 2003, Ângelo Ricardo de Souza (2006, p. 87) identifica 96 pesquisas cujo tema principal é o diretor de escolas, o que representa 18,7% dos estudos sobre gestão escolar. Mas, admite o autor, entre esses trabalhos "parece não haver estudos [...] sobre os impactos gerados pelos dirigentes escolares e processos de gestão no desempenho estudantil" (Souza, 2007, p. 110).

3. Há ainda o trabalho bastante conhecido de Myrtes Alonso (1978), que não deixa de ser significativo para o tema, porém não se trata propriamente de um estudo com base em dados empíricos, e sim a tentativa de estabelecer um arcabouço de análise das funções de diretor do então ensino de primeiro grau.

escola — o que estaria a merecer maior número de análises e estudos aprofundados.

Visando a contribuir de alguma forma para o preenchimento dessa lacuna é que se realizou a presente pesquisa com o fim de refletir sobre a natureza das atividades do diretor escolar e as possíveis adequações e contradições dessa prática diante do caráter político-pedagógico da escola.

1

Administração como mediação

Tradicionalmente, os estudos sobre a atuação do diretor de escola costumam ater-se a uma concepção de administração diversa do conceito amplo utilizado neste livro, razão pela qual restringem a ação administrativa dos diretores apenas às atividades-meio, dicotomizando, assim, as atividades escolares em administrativas e pedagógicas. Meneses, por exemplo, afirma:

> De modo mais amplo possível, podemos dizer que as atividades do diretor de um grupo escolar podem ser classificadas em administrativas e pedagógicas, isto é, em atividades-meio e atividades-fim. (Meneses, 1972, p. 192)

Embora sirva ao propósito de tornar clara a distinção entre a atividade pedagógica propriamente dita e as atividades que a esta servem de pressuposto e sustentação, tal maneira de tratar o problema acaba por tomar as atividades pedagógicas e administrativas como mutuamente exclusivas — como se o administrativo e o pedagógico não pudessem coexistir numa mesma atividade —, encobrindo assim o caráter necessariamente administrativo de toda prática pedagógica e desconsiderando as potencialidades pedagógicas da prática administrativa quando se refere especificamente à educação.

Lourdes, a diretora da escola pesquisada, diz que não consegue ver, em sua prática, onde começa o administrativo e onde termina o pedagógico e vice-versa. Diz, em tom de brincadeira: "Eu só sei que para mim é administrativo, quando eu tenho que tomar uma decisão que quase sempre contraria os professores." É interessante essa observação de Lourdes, porque parece que a conotação negativa do administrativo, como "burocratização" serve de desculpa para incriminá-lo sempre que não se concorda com as medidas propostas, mesmo quando a preocupação seja legitimamente pedagógica. A mesma Lourdes dá como exemplo a reclamação dos professores quando a diretora tem de cuidar para que as aulas sejam repostas após alguma greve.

Com relação ao pedagógico, Lourdes acha que ele está presente não só na sala de aula, mas também no contato com professores, com pais, com funcionários, em toda a atividade da escola. Perguntada, diz que tudo isso é administrativo,

> no sentido de que você cria um estilo de gerenciamento onde isso flua. Nesse sentido, ele é administrativo, você tem um estilo de gerenciamento, que propicia, permite e faz caber isso. Porque você poderia ter outro estilo. Então, nesse sentido, ele é administrativo. O gestor que acredita, sim, e propicia isso.

Assim, segundo a diretora da Emef Otávio Marchetti, uma atividade é mais administrativa ou mais pedagógica, sendo difícil encontrar as características separadamente.

"No fundo, no fundo, o administrativo está a serviço do pedagógico." Portanto, o administrativo sozinho não tem sentido. Em última análise, o que Lourdes procura explicar, com suas palavras, é aquilo que defendo como a razão de ser do administrativo: sua articulação com fins. No caso da escola, a articulação com o pedagógico.

Essa clareza na identificação do pedagógico como administrativo não está sempre presente na fala dos educadores. Carlos, professor das séries iniciais do Ensino Fundamental, acha que a administração está presente na atividade do professor, quando arruma uma carteira, quando solicita algo do coordenador, etc. Não se percebe em seu discurso uma concepção de que o próprio ato pedagógico tem uma conotação administrativa.

Se se considera o caráter mediador da administração, sua ação na escola perpassa todos os momentos do processo de realização do ensino, incluindo não apenas as atividades-meio, mas também as atividades-fim, em especial aquelas que se dão na relação educador-educando, pois a ação administrativa só termina com o alcance do fim visado. Carece de fundamento, pois, a dicotomia que às vezes se estabelece entre administrativo e pedagógico, como se o primeiro pudesse estar em concorrência com o segundo, como quando do se diz que o pedagógico deve preceder, em importância, ao administrativo. Na verdade, se o administrativo é a boa mediação para a realização do fim, e se o fim é o aluno educado, não há nada mais administrativo do que o próprio pedagógico, ou seja, o processo de educá-lo. É, portanto, o pedagógico que dá a razão de ser ao administrativo, senão este se reduz a mera burocratização, fazendo-se fim em si mesmo e negando os fins educativos a que deve servir.

Mas esse equívoco é muito comum na prática escolar e é relatado também em estudos acadêmicos sobre educação. A separação entre o administrativo e o pedagógico e a constatação de que o comum é ter diretores que se preocupam apenas com o primeiro aparecem com ênfase na fala de uma das professoras entrevistadas por Ruth Gonçalves de Faria Lopes, em pesquisa em que se apresenta uma gestão bem-sucedida. Ao elogiar sua diretora, a professora entrevistada diz: "Temos aqui um privilégio: a diretora se preocupa com o pedagógico." (Lopes, [1995], p. 41)

Por sua vez, Natalina Francisca Mezzari Lopes (2002) procura mostrar a preocupação dos diretores que, segundo eles, ao terem de se ocupar das diretrizes "administrativas" das políticas educacionais implantadas no Paraná, na década de 1990, acabam por não ter tempo nem condições de se ocupar do "pedagógico" (atividades-fim). Segundo a autora, a fala de um dos diretores entrevistados revela isso, ao constatar que a "parte administrativa", ou seja, as regras e diretrizes emanadas do Estado para "administrar" as atividades-meio, não é o que dificulta a ação, porque "você já sabe que está aí, mas a parte pedagógica é o que mais te toma tempo e hoje está se tornando a coisa mais difícil de se tratar dentro da escola" (Lopes, 2002, p. 92). Como se percebe, o que essa situação evidencia, na verdade, é que não está havendo administração, pois a chamada "parte administrativa" não é nada administrativa, já que não está se fazendo mediação para alcance dos fins, pois não são estes (ou seja, o pedagógico) que estão a orientá-la, já que o próprio diretor afirma que o pedagógico não é levado em conta.

DIRETOR ESCOLAR

José Augusto Dias enfatiza a função educativa da administração escolar e do diretor de escola, ao dizer:

Teoricamente é preciso lembrar, em primeiro lugar, que um diretor de escola não é apenas um administrador. *Ele é, antes de tudo, um educador.* Sua forma de conduzir a vida escolar tem repercussões profundas, se bem que nem sempre aparentes, na formação dos alunos. Tudo seria mais simples se a influência da escola na personalidade dos estudantes se fizesse sentir apenas através da atuação dos professores. Mas na realidade não é isto o que acontece. A administração não é um processo desligado da atividade educacional, mas, pelo contrário, acha-se inextricavelmente envolvido nela, de tal forma que o diretor precisa estar sempre atento às consequências educativas de suas decisões e de seus atos. Quando desempenha sua função, quando decide alguma coisa, *o diretor é antes um educador preocupado com o bem-estar dos alunos, que um administrador em busca de eficiência.* (Dias, 1967, p. 9; grifos meus)

Muito sábias essas palavras de Dias. Mas talvez seja preciso torná-las ainda mais precisas do ponto de vista de um conceito de administração como mediação. Não se trata de opor "educador preocupado com o bem-estar dos alunos" a "administrador em busca de eficiência". Quando se dá a primeira ocorrência, necessariamente está se dando a segunda. Ser um educador é a forma de buscar a eficiência na escola. Não é possível buscar a eficiência na escola se não se estiver preocupado (envolvido) com o bem-estar dos alunos.

Para tornar mais clara essa questão da estreita vinculação entre "administrativo" e "pedagógico", torna-se necessário elucidar melhor a concepção de administração aqui adotada, retomando, em certa medida, o que já expus em trabalho anterior (Paro, 2012b).

A administração entendida como a utilização racional de recursos para a realização de fins configura-se "como uma atividade exclusivamente humana, já que somente o homem é capaz de estabelecer livremente objetivos a serem cumpridos" (Paro, 2012b, p. 25); quer dizer, só o homem é capaz de realizar trabalho, em seu sentido mais geral e abstrato, como "atividade orientada a um fim" (Marx, 1983, t. 1. p. 150).

Os fins a que se propõe advêm de sua "valoração" da realidade em que se encontra, ou seja, derivam dos valores criados pelo homem em sua situação de não indiferença diante do mundo (Ortega y Gasset, 1963). É pelo trabalho que o homem faz história (e se faz histórico), na medida em que transforma a natureza e, com isso, transforma a sua própria condição humana no mundo. Para além de sua situação de mero animal racional, realiza-se, com o trabalho, sua condição de *sujeito*, isto é, de *condutor de ações regidas por sua vontade*.

Deriva daí a importância da ação administrativa em seu sentido mais geral, porque ela é precisamente a mediação que possibilita ao trabalho realizar-se da melhor forma possível. Isso significa que o problema de *mediar* a busca de fins é um problema que permeia toda a ação humana enquanto trabalho, seja este individual ou coletivo.

No senso comum, as aparências levam a crer que apenas as empresas, ou organizações, são passíveis de ser administradas ou são candidatas a objeto de administração. Entretanto, pelo que se pode claramente constatar, toda ação humana orientada a um fim — ou seja, todo *trabalho* humano — é passível de uma mediação racional, carregando portanto um componente administrativo.

Considerada a escola como uma empresa no sentido antes anunciado, sua administração, ao cuidar do emprego racional dos recursos, supõe que tal emprego seja realizado por uma multiplicidade de pessoas, mas sem ignorar que, em cada um dos trabalhos (que concretizam essa realização), está presente o problema administrativo, ou seja, a necessidade de realizá-lo da forma mais adequada para a consecução do fim que se tem em mira.

Em *Administração escolar*: introdução crítica (Paro, 2012b), chamo a atenção para o significado da expressão "utilização racional de recursos":

> [...] A palavra *racional* vem do latim *ratio*, que quer dizer razão. Assim, se se tem um fim em mente, utilizar racionalmente os recursos (utilizá-los de acordo com a razão) significa, por um lado, que tais recursos sejam adequados ao fim a que se visa; por outro, que seu emprego se dê de forma econômica. [...] Essas duas dimensões estão intimamente relacionadas. Adequação aos fins significa, primeiramente, que, dentre os meios disponíveis, há que selecionar aqueles que mais se prestam à atividade ou atividades a serem desenvolvidas com vistas à realização de tais fins. Além disso, como são múltiplos os usos a que eles geralmente se prestam, a combinação e o emprego dos recursos precisam estar permanentemente impregnados do objetivo a ser alcançado, ou seja, tal objetivo deve estar sempre norteando as ações para que não ocorram desvios em sua realização. A consideração desses desvios aponta, já, para a segunda dimensão da utilização racional dos recursos, ou seja, a dimensão econômi-

ca. Esta se faz presente à medida que o alcance dos objetivos se concretiza no menor tempo possível e com o dispêndio mínimo de recursos. (p. 26)

Os recursos envolvidos na busca dos objetivos de uma empresa podem se apresentar sob as mais variadas formas. Numa tentativa de síntese, podemos considerá-los como parte de dois grupos interdependentes: os *recursos objetivos* e os *recursos subjetivos*.

Entre os primeiros incluem-se, por um lado, os objetos de trabalho e os instrumentos de trabalho,[1] isto é, os elementos (materiais ou não) que são objeto de manipulação direta para a confecção do produto; por outro, os conhecimentos e técnicas que entram como mediação nessa produção, ou seja, os recursos conceptuais ou simbólicos de modo geral. Assim, os recursos objetivos, como o próprio nome sugere, referem-se às condições objetivas presentes na realização do trabalho ou dos trabalhos que concorrem para a realização dos fins da empresa ou organização.

Já os recursos subjetivos dizem respeito à subjetividade humana, ou seja, à capacidade de trabalho dos sujeitos que fazem uso dos recursos objetivos. Capacidade de trabalho ou *força de trabalho* é toda energia humana disponível para o processo de produção, ou seja, "o conjunto das fa-

---

1. *Objeto de trabalho* é o elemento sobre o qual se aplica o trabalho humano, ou seja, é aquilo que é transformado no processo de trabalho e se incorpora ao produto final. *Instrumento, ou meio, de trabalho* é considerado todo elemento que serve de mediação entre o trabalhador e seu objeto de trabalho; máquinas e ferramentas, por exemplo, no caso da produção material. Os objetos de trabalho e os instrumentos de trabalho (ou instrumentos de produção) compõem os *meios de produção*. Para uma aplicação desses conceitos no processo de produção pedagógico, veja-se Paro (2011, 2012b).

culdades físicas e espirituais que existem na corporalidade, na personalidade viva de um homem e que ele põe em movimento toda vez que produz valores de uso"[2] (Marx, 1983, t. 1, p. 139).

Dada sua força ou capacidade de trabalho, o recurso subjetivo de cada trabalhador consiste, assim, em seu esforço na realização de ações que concorram para a concretização do objetivo. Convém lembrar que, na administração de uma empresa, não se trata do esforço de um indivíduo isolado, mas do esforço humano coletivo, ou seja, da multiplicidade de habilidades, forças, destrezas, conhecimentos, enfim as mais diversas capacidades presentes nos diferentes componentes humanos da organização.

Esses dois grupos de recursos sugerem dois amplos campos da administração, certamente não separados um do outro, pois a aplicação dos recursos objetivos só se dá pela atuação dos recursos subjetivos; portanto ambos precisam ser considerados integradamente. O primeiro desses campos, por envolver a utilização racional dos recursos objetivos na realização do trabalho, podemos chamar de *racionalização do trabalho*. Sua preocupação e escopo é a articulação ótima entre recursos e processos de trabalho, empregando os primeiros da forma mais racional possível — em processos que sejam concebidos e executados do modo mais adequado para o fim que se tem em mira e para os recursos de que se dispõe. O segundo campo diz respeito à utilização racional dos recursos subjetivos e pode

---

2. Valor de uso refere-se à capacidade de determinado bem ou serviço de atender a necessidades humanas. Nesse sentido, o próprio bem ou serviço portador dessa capacidade é considerado como um valor de uso.

chamar-se *coordenação do esforço humano coletivo,* ou simplesmente *coordenação* (cf. Paro, 2012b).

Esses dois campos da administração são consideravelmente amplos e, mesmo nas empresas menores e mais simples, envolvem uma multiplicidade de determinações e crescentes complexidades, dependendo da natureza e dimensão dos recursos e dos objetivos. Um aspecto relevante é a interdependência entre os campos. *Racionalização do trabalho* e *coordenação* se cruzam precisamente no processo de trabalho, do qual depende a realização dos objetivos da empresa. A racionalização do trabalho, por mais que se atenha à utilização dos recursos objetivos, não pode desconsiderar que tais recursos são manipulados por pessoas, e que só "funcionam" associados aos recursos subjetivos. De igual modo, a coordenação, por mais que se ocupe da utilização do esforço humano coletivo, não pode ignorar que o escopo principal para a realização dos objetivos é a integração desses recursos aos recursos objetivos de que se dispõe.

Acrescente-se, a esse respeito, que a coordenação cerca-se de uma complexidade adicional: em primeiro lugar, porque o recurso de que cuida — o esforço humano coletivo — é atributo de sujeitos, ou seja, de seres providos de vontade, cuja ação não admite a mesma previsibilidade possível no caso dos recursos objetivos. Sob esse ponto de vista, observe-se que a abordagem aqui adotada, como já ressaltei em outra ocasião (Paro, 2012b), não admite — como faz o senso comum, e como a teoria tradicional em administração acriticamente adota — a utilização da expressão "recursos humanos" para indicar as pessoas como recursos. Na concepção aqui adotada não se parte "do homem como recurso, como meio, mas essencialmente como fim" (p. 33).

Um segundo elemento de complexidade para a coordenação do esforço humano coletivo, quando comparada com a racionalização do trabalho, é que a ação dos sujeitos não se restringe ao momento do trabalho, mas espalha-se por todas as relações dentro da empresa.

Essas características da coordenação do esforço humano coletivo remetem obrigatoriamente ao seu caráter necessariamente político. Ao adotar um conceito suficientemente amplo de política — como a produção da convivência entre grupos e pessoas (cf. Paro, 2010, p. 26-27), ou seja, entre entes que, em sua dimensão *subjetiva*, possuem vontades e interesses próprios que podem ou não coincidir com os interesses dos demais —, percebe-se então o caráter nitidamente político da coordenação do esforço humano coletivo no interior de determinada empresa ou organização.

Embora sejam múltiplos e variados os interesses e valores normalmente em jogo em toda organização (porque vários são os sujeitos que a organização usualmente abriga), a questão de maior importância quanto à abordagem de vontades diversas e à solução de conflitos é a atinente à relação entre os objetivos a serem atingidos e os interesses dos que despendem seu esforço na consecução de tais objetivos. Trata-se de uma questão política de primeira grandeza que condiciona em grande medida a própria forma como se desenvolve a coordenação.

Quando os interesses dos que executam os trabalhos coincidem com os objetivos a serem alcançados, a coordenação pode se revestir de um caráter mais técnico, pois atém-se muito mais ao estudo e à implementação de formas alternativas para alcançar objetivos que interessam a todos.

Não deixa de ser política, mas pode mais facilmente fazer-se democrática.[3]

Quando, entretanto, há divergência entre os interesses dos trabalhadores e os objetivos a se realizarem, a coordenação ganha um caráter marcadamente político, tornando-se muito mais complexas suas funções e as formas de empregar o esforço humano coletivo. Ela não prescinde dos elementos técnicos, mas tem de ocupar-se mais intensamente dos interesses em conflito. Neste último caso, os que detêm o poder de estabelecer os objetivos a serem alcançados também são os que possuem o poder político dominante e que se apropriam da função coordenadora.

É o que ocorre, por exemplo, na típica empresa capitalista. O objetivo da empresa é o lucro, interesse do empresário, que detém o poder econômico (e, por decorrência, o poder político), enquanto o objetivo dos que produzem é o salário, necessidade do trabalhador. Cabe, então, ao empresário — interessado por excelência na realização dos fins da empresa — a responsabilidade pela implementação de um sistema de coordenação que garanta o emprego do esforço humano coletivo na direção desses objetivos.

Frequentemente, para escamotear a existência do conflito de interesses, é conveniente agir como se ele não existisse, tratando os problemas de pessoal como questão essencialmente técnica. Mas o político está sempre presente numa coordenação que se faz, em última instância, sob

---

3. Em consonância com o conceito abrangente de política, democracia é entendida aqui também em seu sentido mais amplo de "convivência pacífica e livre entre pessoas e grupos *que se afirmam como sujeitos*" (Paro, 2010, p. 27; grifos no original).

a forma de controle do trabalho alheio. Utilizo o termo *gerência* para nomear esse tipo específico de coordenação, como o faz Harry Braverman, para quem, "o controle é, de fato, o conceito fundamental de todos os sistemas gerenciais" (Braverman, 1980, p. 68).

É importante destacar que a gerência é apenas uma das alternativas de coordenação do esforço humano coletivo, ou seja, aquela que é utilizada nas empresas em que o poder está nas mãos de quem estabelece os objetivos contra aqueles a quem cumpre realizá-los. Nada impede que, em circunstâncias políticas diversas, concebam-se tipos de coordenação em que não haja dominação e que o esforço humano coletivo seja coordenado, de modo a respeitar a condição de sujeito daqueles que o empregam.

Outro ponto relevante a assinalar é que, contrariamente ao que se acha difundido no senso comum, a coordenação não precisa ser feita sempre a partir de um coordenador unipessoal que determine a conduta de grupos e pessoas. Esta tem sido a regra em nossa sociedade, em que as empresas, tanto públicas quanto privadas, lançam mão de chefes, gestores, supervisores, gerentes, inspetores, superintendentes, etc. para coordenarem as ações de seus subordinados. Mas a coordenação pode também ser realizada coletivamente — em especial por aqueles mesmos que emprestam seu esforço para a realização dos objetivos da empresa —, quer diretamente quer por meio de conselhos e representantes.

2

Diretor e direção

A breve explanação que acabo de fazer a respeito da administração e de seus componentes (racionalização do trabalho e coordenação) deve permitir a delimitação do significado de *direção* e de seu correlato *diretor*, termos centrais do tema deste livro.

Em princípio, a palavra direção pode ser utilizada indistintamente como sinônimo de chefia, comando, gestão, governo, administração, coordenação, supervisão, superintendência, etc. Para os propósitos deste livro interessa particularmente a identificação que comumente se faz entre direção escolar e administração escolar; ou entre diretor escolar e administrador escolar. Essa identificação fica bastante visível na exigência, que normalmente se faz, de que o diretor de escola tenha uma formação em administração escolar (ou gestão escolar).

Na maioria dos sistemas de ensino, quando se fala em administrador escolar, pensa-se logo na figura do diretor de escola, embora haja exceções, em que existe a figura do diretor e a do administrador, com funções distintas. Também na literatura sobre administração escolar, é generalizado (embora não exclusivo) o uso indistinto de administrador (ou gestor) escolar e de diretor escolar com o mesmo significado.

Entretanto, parece ser quase unânime a preferência pela expressão "diretor escolar", quando se trata de denominar oficialmente, por meio de leis, estatutos ou regimentos, aquele que ocupa o cargo hierarquicamente mais elevado no interior de uma unidade de ensino. Mesmo entre a população usuária, quando alguém se refere ao cargo, é ao de diretor que se reporta, não ao de administrador; e praticamente ninguém vai à escola à procura do administrador, mas sim do diretor escolar.

Parece que, quando tratados genericamente, ou seja, "a olho nu", os termos administração e direção escolar se confundem, mas quando se trata de exigir rigor e especificidade, a direção se impõe como algo diverso da administração. E não parece descabido que isso aconteça. Quando se trata da direção da escola e do responsável por ela, pretende-se uma maior abrangência de ação e um ingrediente político bastante nítido, que a administração, muito mais técnica, parece não conter: o diretor é aquele que ocupa a mais alta hierarquia de poder[1] na instituição.

Quem faz boa análise a respeito desse assunto é José Querino Ribeiro (1968). O autor que, mais de uma vez, identifica em suas obras direção e administração, faz questão de deixar nítida a diferença entre ambas:

---

1. Por ora, consideramos *poder* simplesmente a capacidade de determinar o comportamento de outros (Stoppino, 1991, p. 933). Para uma aproximação mais detalhada sobre o conceito de poder e sua relação com a educação, veja-se Paro (2010).

DIRETOR ESCOLAR

> [...] Assim, por exemplo, considere-se que uma cousa é ser diretor, outra é ser administrador. Direção é função do mais alto nível que, como a própria denominação indica, envolve linha superior e geral de conduta, inclusive capacidade de liderança para escolha de filosofia e política de ação. Administração é instrumento que o diretor pode utilizar pessoalmente ou encarregar alguém de fazê-lo sob sua responsabilidade. Por outras palavras: direção é um todo superior e mais amplo do qual a administração é parte, aliás, relativamente modesta. Pode-se delegar função administrativa; função diretiva, parece-nos, não se pode, ou, pelo menos, não se deve delegar. (p. 22)

Essa contribuição de Ribeiro ajuda a pautar a diferença que pretendo estabelecer entre administração e direção, além de elucidar o papel que cabe a esta última na organização da escola básica. Esse ponto de vista assume que a direção, em certo sentido, contém a administração e simultaneamente lhe é mais abrangente. A direção engloba a administração nos dois momentos desta, de racionalização do trabalho e de coordenação, mas coloca-se acima dela, em virtude do componente de poder que lhe é inerente. Podemos dizer que a direção é a administração revestida do poder necessário para fazer-se a responsável última pela instituição, ou seja, para garantir seu funcionamento de acordo com "uma filosofia e uma política" de educação (Ribeiro, 1952).

O mesmo José Querino Ribeiro, ao falar sobre "filosofia e política de ação", afirma que estas se colocam "acima e fora da área administrativa e dentro da área mais geral e superior da direção do empreendimento" (1968, p. 31). Observe-se que o diretor (ou os diretores) de determinada empresa está na situação de quem estabelece os fins da organização, ou é investido do poder de fazê-los realizar-se, ou ambas essas atribuições ao mesmo tempo. No âmbito da administração há, pois, o emprego do esforço humano coletivo; há inclusive a coordenação desse esforço — coordenação esta que pode referir-se ora ao todo ora a partes do empreendimento. Mas isso não impede que essas atividades sejam subsumidas pela direção, da qual depende, em última instância, o "rumo" ou a "orientação" que deve seguir o empreendimento em termos de seus fins.

Na pesquisa de campo foi perguntado aos educadores se eles faziam distinção entre administrador e diretor. Lourdes, a diretora, diz identificar o administrativo mais como um "procedimento" que envolve princípios de economia de recursos, de efetividade de ações, etc., e que "a direção é o norte, o caminho... Então, quando eu digo: 'nós vamos fazer este procedimento na rematrícula' [explica o procedimento], isto é direção." Em outras palavras, a direção estaria articulada com a autoridade, com a capacidade de traçar o caminho e levar os outros a segui-lo, enquanto a administração envolveria os procedimentos, as condutas, as medidas adotadas para fazer valer determinada direção. Perguntada sobre se haveria uma hierarquia, ela concorda que o diretivo está acima do administrativo.

Para Dirce, professora de Informática, o diretor é aquele que se preocupa com o político-pedagógico na escola, e, nesse sentido, "dá a direção". Já o administrativo refere-se à preocupação com o patrimônio, com a reforma, com os pagamentos, ou seja, com as atividades-meio. Já Carlos, professor do chamado Fund 1, ou seja, o correspondente ao primeiro ciclo, ou primeiras quatro[2] séries do Ensino Fundamental, vê a direção e a administração de um modo menos hierarquizado, dizendo que "a peculiaridade da direção é a integração". Assim, o diretor não precisa ser o controlador, "ele é o integrador da parte administrativa" que se refere às formas de fazer as coisas acontecerem na unidade escolar.

O mais frequente em nossa sociedade é que a direção esteja nas mãos de poucos, que estabelecem os objetivos e determinam que eles sejam atingidos, restando à grande maioria executar as ações necessárias ao cumprimento dos fins da empresa por meio de seu esforço. Isso não impede de se pensar numa hipótese em que os fins sejam estabelecidos pelos próprios indivíduos que despendem esforço em realizá-los e que se investem também da função de zelar diretamente por seu cumprimento. O que teríamos, então, seria uma espécie de "sobreposição" da administração e da direção, cada uma, porém, mantendo sua função característica.

Mas é o conceito de direção do senso comum, em que poucos exercem seu comando sobre muitos, que vige em nossos sistemas de ensino com relação ao papel do diretor de escola. Este é, em geral, não apenas o encarregado da administração escolar, ao zelar pela adequação de meios a fins — pela atenção ao trabalho e pela coordenação do esforço humano coletivo —, mas também aquele que ocupa o mais alto posto na hierarquia escolar com a responsabilidade por seu bom funcionamento. Pode até acontecer de os estabelecimentos de ensino comportarem em sua orga-

---

2. Por ocasião do trabalho de campo, a Secretaria Municipal de Educação ainda não havia implantado o ensino fundamental de nove anos em sua rede de escolas.

nização conselhos de escolas ou outras instituições auxiliares da gestão — com atribuições deliberativas ou não —, mas quem responde, em última instância, pelo cumprimento das leis do ensino e pela ordem no âmbito da escola (ou seja, pelo funcionamento da empresa escolar) é o diretor.

Além disso, a concepção que se tem do diretor escolar não costuma diferir da concepção de diretor de qualquer outra empresa da produção econômica. Assim, o espírito que rege o tratamento dado ao diretor de escola e as expectativas que se tem sobre ele são cada vez mais semelhantes ou idênticos ao modo de considerar o típico diretor da empresa capitalista[3] (Félix, 1984; Paro, 2012b).

Se considerarmos o que foi dito anteriormente sobre a necessária adequação entre meios e fins para a efetivação da administração, e contrastarmos os fins que se buscam na empresa tipicamente capitalista com os objetivos da escola básica, em especial a escola fundamental, vem à tona a seguinte indagação: é possível, em termos políticos ou técnicos, igualar a direção de uma escola à direção de uma empresa capitalista, desconsiderando o que há de específico na empresa escolar em termos de seu objetivo e da maneira de alcançá-lo?

Em outras palavras: se a administração (subsumida pela direção) é mediação para a realização de fins, será razoável que fins tão antagônicos quanto os da empresa capitalista (apropriação do excedente de trabalho pelo ca-

---

3. Sempre que nos referirmos à "empresa capitalista" estamos supondo o modo de produção tipicamente capitalista em que o proprietário dos meios de produção (o capitalista) paga ao trabalhador o valor de sua força de trabalho que, na produção, produz um valor econômico maior que seu próprio valor, sendo o excedente apropriado pelo capitalista.

pital) e o da escola (construção, pela educação, de sujeitos humano-históricos) sejam obtidos de forma idêntica, ou semelhante, sem levar em conta a singularidade[4] do processo de produção pedagógico nem questionar os efeitos deletérios de uma coordenação do esforço humano coletivo na escola nos moldes do controle do trabalho alheio inerente à gerência capitalista?

Essas indagações estão no centro da questão aqui examinada, qual seja: dados o caráter político da direção da escola fundamental, sua subsunção da administração escolar e a necessária adequação entre meios e fins como princípio administrativo, como se configura a ação administrativa do diretor de escola fundamental, diante dos fins da educação e da especificidade do processo de produção pedagógico?

Os termos desse problema envolvem uma variedade de temas que merecem ser examinados, mas, em suma, há que se considerar os determinantes que interferem no comportamento do diretor da escola pública fundamental. Investido na direção, ele concentra um poder que lhe cabe como funcionário do Estado, que espera dele cumprimento de condutas administrativas nem sempre (ou quase nunca) coerentes com objetivos autenticamente educativos. Ao mesmo tempo é o responsável último por uma administração que tem por objeto a escola, cuja atividade-fim, o processo pedagógico, condiciona as atividades-meio e exige, para que ambas se desenvolvam com rigor administrativo, determinada visão de educação e determinadas condições materiais de realização que não lhe são satisfatoriamente providas quer pelo Estado quer pela sociedade de modo geral.

---

4. Este tema será desenvolvido no capítulo 3, item 3.5.

3

A escola como objeto da gestão escolar

Como se sabe, para bem realizar-se, a atividade administrativa não pode ignorar a natureza de seu objeto, incluindo a disponibilidade de recursos e a forma em que estes se apresentam, o local ou instituição em que a ação se realiza e os objetivos que deve perseguir. No caso da gestão escolar, o objeto a que ela se aplica é a escola, lugar privilegiado da ação do diretor. Por isso, cumpre tomar a instituição escolar desse ponto de vista, examinando alguns temas relacionados, tanto ao processo pedagógico que aí se desenvolve quanto às múltiplas determinações que aí se manifestam tendo sempre presente a educação como o fim a que a direção deve servir.

3.1 Direção escolar e educação

O dimensionamento da prática administrativa do diretor escolar se fundamenta, inicialmente, na necessidade de se conceberem maneiras de o diretor contribuir para uma maior competência administrativa da escola fundamental. Isso é relevante porque a escola brasileira, de modo geral, não logra alcançar minimamente os objetivos a que se propõe. É de conhecimento público que, salvo exceções, as escolas fundamentais no país não conseguem "passar"[1] à imensa maioria de seus frequentadores sequer os mínimos rudimentos de conhecimentos e informações que são objeto das "avaliações" externas feitas pelos sistemas de ensino. E isso ao custo de pelo menos oito anos de dispêndio em recursos tanto objetivos quanto subjetivos.

Em termos administrativos, isso equivale a um fracasso no empreendimento escolar, visto que os recursos, ou sua utilização, ou ambos os fatores, não estão adequados ao objetivo estabelecido. Trata-se, portanto, da negação do princípio fundamental da boa administração que requer a adequação entre meios e fins.

---

1. Aqui e em outras passagens, utilizo os verbos "passar" e "transmitir", bem como seus derivados, entre aspas, para assinalar a impropriedade de se considerar a educação como mera "passagem" ou "transmissão" de algo. Em trabalho anterior, justifico assim tal impropriedade:

> [...] em educação, não existe propriamente uma *transmissão* do saber, no sentido normalmente atribuído a essa palavra. Na linguagem usual, o termo transmitir supõe a *transferência* de determinado objeto de um lugar para outro ou da posse de uma pessoa para outra. Por conseguinte, o objeto passa a ocupar um novo espaço ou estar de posse de outra pessoa *à custa de* desocupar o espaço anterior ou de privar a primeira pessoa da posse do objeto em favor da segunda. Não é assim que acontece, todavia, com o processo educativo. Aqui a "transmissão" só pode ser aplicada como uma metáfora, que, aliás, deve ser evitada para não se ocultar a peculiaridade da relação pedagógica, confundindo-a com a simples relação de "dar e receber" ou de algo que *passa* de um lugar a outro. Na ação educativa, quando o educando se apropria de determinado elemento cultural (um conhecimento, um valor, uma habilidade, etc.), pela mediação do educador, tal elemento incorpora-se em sua personalidade viva, mas nem por isso para de compor também a personalidade do educador. Ou seja, esse componente cultural não é *transferido* da posse do educador para a do educando. Trata-se, pois, não de uma *transmissão*, de algo que "passa" de uma pessoa a outra, mas de uma *recriação* de um componente cultural historicamente produzido, como forma, por excelência, de o sujeito construir a própria educação (Paro, 2012b, p. 136-137, comentário 26, grifos no original; cf. Paro, 2012a).

Mas a análise do problema não pode restringir-se ao exame e à responsabilização dos meios e de sua utilização, sem relacioná-los aos fins que se pretende alcançar. Em outras palavras, trata-se de se estabelecer, antes, se estamos diante de um problema apenas administrativo (inadequação entre meios e fins), ou se, mais do que isso, a questão a elucidar não se encontraria no âmbito de uma filosofia e de uma política da educação, a que a administração escolar necessariamente deve servir (Ribeiro, 1952). Isso significa que, em termos da qualidade do ensino fundamental, mais do que abordar a administração dos meios, é preciso questionar o próprio fim da escola e da educação, quando mais não seja, para saber se ele é de fato factível e até mesmo desejável.

A esse respeito, pode-se dizer que, de modo geral, vigora nos sistemas de ensino e nas políticas públicas educacionais uma concepção estreita de educação, disseminada no senso comum, de que o papel único da escola fundamental é a "passagem" de conhecimentos e informações às novas gerações. Apesar de a Lei proclamar que a educação "tem por finalidade o pleno desenvolvimento do educando, seu preparo para o exercício da cidadania e sua qualificação para o trabalho" (Lei n. 9.394/1996, art. 2º, In: Brasil, 2008, p. 265), quando se trata de concretizar tal finalidade por meio do oferecimento de educação escolar, essa intenção geral se retrai drasticamente. As medidas na direção do "pleno desenvolvimento do educando" se reduzem à tentativa de "passagem" de conhecimentos, expressos nas disciplinas escolares.

Mas, se, à luz de uma concepção radicalmente democrática de mundo, admite-se que os homens nascem igualmente com o direito universal de acesso à herança cultural produzida historicamente, então a educação — meio de formá-lo como humano-histórico — não pode restringir-se a conhecimentos e informações, mas precisa, em igual medida, abarcar os valores, as técnicas, a ciência, a arte, o esporte, as crenças, o direito, a filosofia, enfim, tudo aquilo que compõe a cultura produzida historicamente e necessária para a formação do ser humano-histórico em seu sentido pleno.[2]

Supondo que o Estado e a sociedade tivessem êxito em "transmitir" pelo menos os conhecimentos que compõem as disciplinas escolares e os Parâmetros Curriculares Nacionais (PCN), ou mesmo a versão minguada desse conteúdo aferida pelas "avaliações" externas como Saeb, Prova Brasil, etc., ainda assim estaria muito distante de lograr um mínimo de "preparo para o exercício da cidadania". Ocorre que, mesmo estando os sistemas de ensino e toda a política educacional supostamente estruturados para esse objetivo, ele não é obtido, o que se pode constatar por meio de contato com os egressos do ensino fundamental que, em geral, retêm apenas uma pequena parcela dos conhecimentos que compõem os currículos e programas das disciplinas escolares.

Isso acontece porque a pequenez desse objetivo não tem implicações apenas políticas — subestimação do que é necessário em termos educativos para o exercício da cidadania — mas também técnicas, sendo que estas guardam uma estreita dependência das implicações políticas.

O componente técnico, sistematicamente ignorado pela imensa maioria dos responsáveis por políticas públicas em

---

2. É importante ressaltar aqui o conceito de cultura como "toda criação humana", ou "como o acrescentamento que o homem faz ao mundo que não fez" (Freire, 2003, p. 117).

educação, refere-se à própria natureza do ato educativo, isto é, ao modo como o educando se apropria da cultura. Sendo a educação a maneira pela qual se constrói o homem em sua historicidade (como sujeito, senhor de vontade, que se diferencia do restante da natureza porque é criador de valores que fundamentam os objetivos a que se propõe), a realização concreta da educação precisa inapelavelmente levar em conta essa peculiaridade.

Isto significa que o processo pedagógico deve tomar o educando como sujeito, quando mais não seja para não ferir o princípio de adequação de meios a fins: se o fim é a formação de um sujeito, o educando, que nesse processo forma sua personalidade pela apropriação da cultura, tem necessariamente de ser um sujeito. Portanto, ele só *se educa* se quiser. Disso resulta que o educador precisa levar em conta as condições em que o educando se faz sujeito. Não basta, portanto, ter conhecimento de uma disciplina ou matéria a ser ensinada.

Educar não é apenas explicar a lição ou expor um conteúdo disciplinar, mas propiciar condições para que o educando se faça sujeito de seu aprendizado, levando em conta seu processo de desenvolvimento biopsíquico e social desde o momento em que nasce.

Querer aprender não é uma qualidade inata, mas um valor construído historicamente. Levar o aluno a querer aprender é o desafio maior da Didática, a que os grandes teóricos da educação têm-se dedicado através dos séculos. Por isso, hoje, com todo o desenvolvimento das ciências e disciplinas que subsidiam a Pedagogia, é inadmissível que os assuntos da educação ainda permaneçam, em grande medida, nas mãos de leigos das mais diferentes áreas (economistas, matemáticos, publicitários, jornalistas, sociólogos, empresários, estatísticos, etc., etc.), os quais pouco ou nada entendem da educação dirigida às crianças e aos jovens na idade de formação de suas personalidades.

Ao abordar o objeto da gestão escolar, torna-se imprescindível, portanto, verificar em que medida as políticas atinentes à educação básica têm presente esse conceito de educação e o levam na devida conta.

3.2 As políticas educacionais, o educativo e o mercantil

Em instigante trabalho que analisa os resultados desastrosos das reformas neoliberais introduzidas no sistema escolar norte-americano no final do século passado e início deste — reformas que ela mesma ajudara a implementar como secretária-assistente de educação do governo de George H. W. Bush, no início da década de 1990 — Diane Ravitch (2011) afirma que "a educação é importante demais para entregá-la às variações do mercado e às boas intenções de amadores" (p. 248).

Dificilmente se encontrará na literatura recente sobre políticas públicas algo que sintetize de forma tão aguda as duas grandes ameaças que rondam o direito à educação, ou seja, 1) a razão mercantil que orienta as políticas educacionais e 2) o amadorismo dos que "cuidam" dos assuntos da educação.

Evidentemente esses fenômenos estão intimamente relacionados e acabam por ser mutuamente determinantes. A razão mercantil, ao privilegiar a busca de resultados econômicos, costuma menosprezar os fins educativos, favorecendo encaminhamentos e abordagens que passam ao largo das boas práticas pedagógicas e do conhecimento técnico-científico sobre educação. Por seu turno, a ausência de familiaridade com a pedagogia deixa sem norte os agentes de políticas educacionais, que são seduzidos pelos mecanismos de competição mercantil, na busca de soluções que compensem seu amadorismo pedagógico.

A razão mercantil, como o nome indica, procura reduzir tudo à imagem e semelhança do mercado. No campo econômico, é ela que rege a compra e venda de mercadorias quase sempre visando não apenas à troca de bens e serviços mas também à apropriação ampliada de tais produtos. O resultado dessa ampliação é o lucro, ou seja, a diferença, em termos de valor econômico, entre o que se comprou e o que se obteve com a venda. O lucro pode ser resultado da mera especulação — quando se vende algo apenas mais caro do que se comprou, sem nenhuma variação no objeto da troca — como também pode ser o produto de uma transformação das mercadorias no intervalo entre sua compra e sua venda. Neste último caso enquadra-se a produção tipicamente capitalista, em que a compra de mercadorias (força de trabalho e meios de produção), pelo proprietário do capital, tem como propósito a associação entre elas de modo que sejam produzidas outras mercadorias que encerrem um valor maior do que o contido originalmente. O lucro obtido com a venda dessas mercadorias já não é mais o resultado do simples aumento do preço de venda com relação ao de compra, mas sim do acréscimo de seu valor real durante o processo de produção.

Esse acréscimo de valor se dá, como se sabe, porque a força de trabalho agrega às mercadorias que produz um valor maior do que o seu próprio valor, ou seja, aquele que custou ao capitalista. Embora não se trate de reproduzir aqui a demonstração científica desenvolvida por Karl Marx (1983) acerca de como se concretiza a produção de valor sob o capitalismo, é bom ter presente, desde já, que, em nossa sociedade, a razão mercantil está articulada, em última análise, a essa reprodução ampliada do capital, que se faz pela realização do lucro, cujo substrato é a apropriação do valor excedente produzido pelo trabalho. Todavia, a razão mercantil não se configura apenas quando está imediatamente presente o lucro, mas sempre que se manifestam os mecanismos relacionados à competição, à concorrência e ao supremo mandamento mercantil de levar vantagem em qualquer situação.

Nas políticas educacionais, a razão mercantil se faz presente de duas formas básicas: uma diretamente relacionada à resolução de questões econômicas e outra não diretamente relacionada a essas questões, mas que se reporta ao mesmo paradigma no encaminhamento de soluções.

No primeiro caso, estão, por um lado, as políticas que defendem interesses econômicos particulares, e se consubstanciam nas mais variadas formas de "privatização" do ensino, seja por meio do favorecimento direto das escolas particulares, seja pela adoção dos inaceitáveis pacotes e "sistemas" de ensino da iniciativa privada, adquiridos com dinheiro público para favorecer interesses privados, seja ainda em medidas que, em detrimento de ações que favoreçam a melhoria das condições de trabalho dos educadores escolares, dão preferência à compra de bens e serviços (computadores, consultorias, avaliações externas, etc.), bem como o estabelecimento de contratos e convênios com empresas, ONGs, fundações, institutos, etc.

Por outro lado, ainda no contexto dessas medidas diretamente econômicas, a razão mercantil também se faz presente quando, independentemente de interesses privados, os responsáveis pelas políticas públicas têm em vista um horizonte mais amplo de crescimento econômico do país, mas — ignorando as razões verdadeiramente educativas ligadas ao direito à cultura e à formação integral do cidadão — amparam-se na teoria do Capital Humano (Becker, 1968; Schultz, 1961a, 1961b, 1973; Blaug, 1975), para proporem e implementarem medidas visando apenas à formação para o mercado de trabalho, para o consumo ou para avançar nas posições dos ranques econômicos nacionais e internacionais.

A outra forma básica em que a razão mercantil se faz presente nas políticas públicas em educação é aquela em que, embora não articulados com os interesses diretamente econômicos, tanto o discurso quanto a prática seguem o paradigma empresarial capitalista. Como afirmou Marx há mais de 150 anos, "o capital é a força econômica da sociedade burguesa que tudo domina" (1977, p. 225), impondo suas regras não apenas no nível econômico, mas em todas as instâncias da sociedade (cf. Paro, 2012b, p. 168-169). Dessa forma, as condutas, as maneiras de agir e de resolver problemas e tomar decisões no âmbito da produção econômica acabam se espalhando por todo o corpo social, servindo de paradigma para as relações humanas e sociais, sejam elas econômicas ou não.

Certamente, no campo educacional, essa predisposição haveria de encontrar, no amadorismo e na ignorância pedagógica, solo fértil para vicejar e expandir-se. Assim, os fazedores das políticas educacionais — economistas, políticos, empresários, estatísticos, matemáticos, engenheiros, professores universitários e até profissionais titulados em educação, etc. —, na ausência do conhecimento técnico-científico sobre o fato educativo, não titubeiam em fazer uso, fartamente, dos princípios, métodos e técnicas dominantes no mundo dos negócios, ignorando por completo a especificidade do trabalho escolar e a necessidade de levar em conta sua singularidade na tentativa de fazê-lo efetivo.

Seja em obediência à razão mercantil, seja em decorrência do amadorismo dos envolvidos, o que acaba por ficar à margem das questões e das tentativas de solução é a própria educação escolar com tudo o que ela tem de riqueza e especificidade. Ao fim e ao cabo, como procurei demonstrar em outros trabalhos (Paro, 2010, 2011), apesar de todos parecerem entender de educação, o que acaba orientando tanto as políticas públicas quanto as práticas pedagógicas em nossas escolas é uma espécie de senso comum que ignora séculos de história da educação e de progressos científicos na elucidação da maneira como as pessoas aprendem e na proposição de novas formas de ensinar.

Um dos pontos mais importantes que são obnubilados por essa cegueira pedagógica é a natureza da ação especificamente educativa (ensino-aprendizado). Em termos pedagógicos, ela é vista como mera relação de comunicação, por meio da qual se "transmite" o conhecimento acumulado historicamente. Em termos econômicos, é vista como um trabalho como qualquer outro, ao qual podem ser aplicadas todas as categorias econômicas do ponto de vista tanto do trabalho concreto quanto do trabalho abstrato[3] na produção

---

3. Como será visto mais adiante (item 3.4), trabalho abstrato é o trabalho humano em sua condição de dispêndio da mercadoria força de trabalho, ou seja, o trabalho como produtor de valor.

tipicamente capitalista. O estranho é que esses equívocos costumam frequentar até mesmo trabalhos declaradamente críticos que se propõem a reivindicar para a educação e para o trabalhador em educação um tratamento digno e diferenciado em termos de justiça e de importância social.

Com relação à educação e seus fins, o enfoque da crítica às vezes se restringe à preocupação com o chamado "conteúdo", reduzindo o ensino-aprendizado à "passagem" de conhecimentos, os quais, se forem críticos (e em quantidade suficiente) bastam para tornar crítica a própria educação. Tal concepção minimiza, obviamente, a *forma* do ensino (relação entre sujeitos), com seu papel determinante tanto como componente do conteúdo quanto como mediação que torna possível sua apropriação. Com relação aos educadores escolares, muitos trabalhos críticos se comprazem em reivindicar para os docentes o mesmo *status* do típico trabalhador da produção capitalista, denunciando sua situação de injustiça e exploração e advogando (apenas) os mesmos direitos devidos ao operariado.

É diante desse quadro que se evidencia a necessidade de considerar, por um lado, as consequências mais diretas da lógica mercantil na escola, por outro, a singularidade do processo de produção pedagógico e os desafios que se apresentam para as políticas públicas educacionais e para a administração da escola fundamental.

3.3 Interferências privadas na escola pública

Quando se examina a interferência da iniciativa privada na escola básica, nem sempre ficam inteiramente explícitos os conceitos e os princípios envolvidos na análise. Às vezes apenas se apresentam dados e se descreve a realidade, esperando que a simples constatação da presença ou ausência da privatização provoque as posturas de concordância ou discordância do interlocutor diante do fato. Entretanto, numa sociedade em que a consciência política da população é muito escassa e em que a própria escola básica não proporciona a adequada reflexão crítica sobre a realidade, não se pode esperar que a gravidade do avanço do poder privado sobre a escola pública seja automaticamente aferida pela simples apresentação quantitativa de sua ocorrência. Conceitos como os de *público*, *privado*, *processo educativo* e princípios como os de *cidadania*, *direito à educação* e *democracia* precisam sempre ser levados na devida conta para que uma consistente avaliação das políticas educacionais sobre o tema seja realizada. Diante disso, o propósito deste item é apresentar e discutir esses conceitos e princípios, de modo a subsidiar o debate e a reflexão a respeito do assunto.

O público e o privado

De modo sintético, pode-se dizer que o *público* é o domínio da universalidade de direitos e deveres de cidadãos, responsáveis diante dos demais cidadãos e da sociedade organizada no Estado democrático.

O Estado é o domínio da política, entendida não restritamente apenas como luta pelo poder, mas em seu sentido mais amplo, como vimos antes, ou seja, como convivência entre indivíduos ou grupos que detêm ou reivindicam sua condição de *sujeitos*, ou seja, detentores de interesses e atuantes em sua realização. É a condição de sujeito que caracteriza o homem como humano-histórico, distinguindo- -o da mera necessidade natural, na medida em que, por uma posição de não indiferença (Ortega y Gasset, 1963), ele se manifesta diante do real, criando um valor, expressão de sua vontade, que lhe oferece condições de estabelecer um objetivo e procurar alcançá-lo pelo trabalho (Marx, 1983). O conceito de sujeito, assim, não se limita à condição de agente ou ator, mas se expande para sua qualidade de *autor*.

Pelo trabalho, o homem se faz necessariamente social, uma vez que não consegue produzir sua existência diretamente, de modo isolado, tendo, em vez disso, que se relacionar com os demais por meio da divisão social do trabalho. Isso equivale a dizer que o homem, como ser histórico, não existe no singular, visto que a produção de sua existência só se dá com a colaboração dos demais elementos da espécie. Mas não é ainda essa sociabilidade que o diferencia da natureza, porque também na natureza se encontram inúmeros exemplos de espécies que são "sociais", ou seja, que produzem sua existência por meio da colaboração necessária dos indivíduos que a compõem (abelha, formiga, etc.). O homem não é, portanto, apenas um "animal social", porque não lhe basta *relacionar-se* com o outro, é preciso também *conviver* com a subjetividade desse outro, que, como tal, tem ou advoga a condição de sujeito, de autor. Ou seja, os indivíduos humanos possuem vontades, interesses, valores, desejos, projetos, sonhos, que não necessariamente coincidem com os de outros indivíduos da mesma espécie. A convivência diante dessa condição é que caracteriza a ação *política* em seu sentido amplo.

Há basicamente duas formas de produzir a convivência entre sujeitos. Uma consiste na dominação de uns sobre outros, reduzindo-se estes à condição de objetos (não sujeitos). Trata-se do *autoritarismo* em suas mais variadas formas, cuja predominância na história tem sido tão marcante a ponto de levar o senso comum (e muitos estudos acadêmicos) a identificá-lo com o próprio conceito de política. Isto é, a política como luta contra o outro se faz tão presente que produz a falsa consciência de que a atividade política se resume na luta pelo poder de uns *sobre* os outros, descartando a possibilidade de que a política se faça também como convivência *com* os outros (cf. Holloway, 2003), que consiste precisamente na segunda forma de fazer política, ou seja, aquela que se realiza no diálogo entre sujeitos. Trata-se, neste segundo caso, da *democracia* em seu sentido mais universal (cf. Coutinho, 1980), que é o mesmo que venho adotando neste livro, ou seja, como convivência livre e pacífica entre indivíduos e grupos que se afirmam como sujeitos (Paro, 2010, p. 27).

Mesmo que nunca encontremos cada uma dessas modalidades em sua forma pura na organização da sociedade, é a elas que temos de recorrer quando procuramos analisar a realidade. E se, como afirmei, o conceito de público está relacionado à universalidade de direitos e deveres de cidadãos numa sociedade organizada pelo Estado democrático, é à prática política como *democracia* que devemos nos referir sempre que nos reportarmos ao caráter público dos direitos e deveres. Assim, podemos dizer que o Estado será tanto mais público quanto mais democrático ele for, da mesma forma que a democracia não pode nunca perder de vista sua articulação necessária ao bem comum (público, universal).

Além disso, o Estado democrático (sua própria existência) supõe a concordância de todos com suas determinações. É por isso que ele não apenas estabelece direitos, mas também impõe deveres. Direitos e deveres existem, supostamente, para o bem de todos os integrantes da sociedade. Numa democracia, a razão de ser do Estado, em princípio, é a garantia do bem público. Todavia, isso não significa que, na prática, o público sempre coincida com o estatal. Como entidade histórica, o Estado está permeado pelas múltiplas contradições que caracterizam os empreendimentos humanos. Assim, mesmo o Estado constituído a partir de parâmetros democráticos não está imune a medidas e práticas que violam os interesses públicos da sociedade. Por isso, não se deve tomar por pública determinada instituição pelo simples fato de pertencer ao Estado ou ser por ele mantida. A esse respeito, a pergunta que se faz é se é mesmo apropriado chamar de pública nossa escola básica mantida pelo Estado — quando sabemos de sua precariedade em atender os interesses da população tanto em termos qualitativos quanto em termos de sua abrangência e universalidade — ou se a expressão "escola pública básica" anuncia apenas um desejo e uma intenção ainda longe de se realizar. Em acréscimo, e para efeito do tema que aqui examinamos, a questão é saber em que medida as interferências de interesses privados na organização e funcionamento da escola pública concorrem para descaracterizá-la como instituição que visa ao bem público.

O *privado*, por sua vez, é o âmbito da particularidade de indivíduos e grupos com seus interesses e idiossincrasias, e também supõe direitos e deveres protegidos pelo Estado. Todo cidadão precisa ter a garantia de uma vida privada, com ideias, crenças, atos e decisões que não são públicas, nem passíveis de monitoramento por parte do Estado, fazendo parte apenas de seu círculo privado de relações. Pode-se dizer então que, no domínio privado, prevalecem as relações "pessoais", aquelas que dizem respeito às características particulares, idiossincráticas, de cada pessoa ou grupo. Em sua condição de "pessoa", o cidadão atua num âmbito demarcado pelas características e potencialidades de seu círculo de conhecimentos e amizades. São relações diretas, que se dão no círculo privado, sem a mediação estatal. Ou seja, seu poder deriva de circunstâncias que, a rigor, nada têm a ver com o controle do Estado. Fulano *pode*, por exemplo, receber um presente de um amigo, pelo *privilégio* de tê-lo como amigo, e isso escapa completamente à regulação estatal. Ele pode também, pela circunstância de ter sido criado numa família cristã (ou de outra religião qualquer), professar essa crença, sem que isso em nada diminua ou acrescente a sua condição de cidadão.

A essa característica privada da condição de "pessoa" contrapõe-se o conceito de "indivíduo", como síntese dos atributos que os sujeitos sociais têm em comum com todos os demais (cf. DaMatta, 1991). Ou seja, cada indivíduo, nesse sentido, aparece como exemplaridade do conjunto de cidadãos, devido à universalidade de seus direitos e deveres. Aqui seu poder social deriva não de uma sua característica pessoal ou de uma circunstância particular, mas de algo geral, universal, comum a todos os componentes da sociedade. Já não há *privilégios* (pessoais), mas *direitos* (de cidadania). Fulano *pode*, por exemplo, matricular seu filho numa escola gratuita de ensino fundamental porque esse é um *direito* de todos, garantido pelo Estado. Neste caso estamos no âmbito do público, daquilo que é universal, não particular (privado). Podemos dizer, então, que os cidadãos se igualam como indivíduos (público) e se diferenciam como pessoas (privado).

Público e privado existem em estreita relação e não é incomum a confusão entre os dois conceitos. Por isso, é preciso estar bastante atento a respeito das fronteiras que delimitam essas instâncias, para evitar interferências ilegítimas de uma sobre a outra. Ou seja, numa democracia, o público e o privado, como instâncias mutuamente determinantes, devem coexistir de modo que um não cerceie a liberdade do outro. Sempre que o poder público sobrepõe-se aos direitos do privado, limitando-os, bem como toda vez que o privado agride o domínio do público, utilizando-o para interesses particulares, a democracia é violada.

Um bom exemplo para ilustrar a interferência ilegítima de uma instância sobre a outra é a confusão de papéis que se costuma verificar na relação entre ciência e crenças religiosas. A ciência é necessariamente o domínio do público, pois deve ser fundada em conteúdos que tenham validade universal. A "verdade" científica só se sustenta quando se demonstra publicamente, por meio de fatos e argumentos, aquilo que se está afirmando. A crença religiosa, por sua vez, é necessariamente privada, e como tal deve ser respeitada. Se alguém diz acreditar na existência de deus (ou de duendes), isto não precisa ser publicamente provado. Esse indivíduo tem o direito de professar livremente sua fé, sem que se possa exigir dele que forneça evidências científicas (públicas) disso. Tal exigência corresponderia a proibir-lhe de exercer sua crença, já que ninguém consegue provar ou fornecer evidências científicas (públicas) que justifiquem determinada fé religiosa. Mas, em igual medida, o direito privado a uma crença não pode de modo nenhum servir de pretexto para violar qualquer direito público. Não se pode, a pretexto de princípios religiosos (privados), advogar a transgressão de princípios públicos que lhes precedem. Assim, se determinado credo religioso estabelece, por exemplo, que a transfusão de sangue é pecado, ou contraria a vontade de deus, esse "preceito" deve, sim, ser preterido quando interfere no direito à vida das pessoas, não podendo o Estado permitir que um pai proíba a transfusão de sangue em seu filho só porque sua religião assim o estabelece. Assim como um cidadão não pode ter direito de espancar ou de violentar seu filho só porque é seu filho (contexto privado), ele também não pode ter o direito de, com pretextos religiosos (privados), usurpar-lhe a chance de viver, já que esse é um direito público que deve ser protegido pelo Estado.

Também o público não pode, com medidas totalitárias, invadir o âmbito do privado para transgredir os direitos dos indivíduos. A liberdade de crença, como vimos, é um direito privado e deve ser exercido plenamente desde que não interfira no direito de outros (público). O Estado não pode (não deve), portanto, violar esse direito, introduzindo ou favorecendo o ensino religioso nas escolas, por exemplo, sob pena de violar a liberdade de crença dos cidadãos e de pôr uma instituição pública a serviço de interesses não públicos. E não tem validade aqui o argumento viciado de que o ensino religioso abre possibilidades para todas as religiões, fazendo-se, assim, universal. Primeiro, porque não é a soma de privados que compõe o público; este advém de um princípio que é universal, não do ajuntamento de pedaços particulares. Além disso, a soma de "todas as religiões" não inclui a não religião, ou o ateísmo, que deve também ser um direito de todos.

O pedagógico

A educação como apropriação da cultura é direito universal e se apresenta como necessidade intrínseca ao desenvolvimento da sociedade e ao fortalecimento da democracia. Como direito público, sua realização na escola básica, lugar por excelência de seu provimento pelo Estado, deve pautar-se em princípios públicos, ou seja, universalizantes e democráticos. Além disso, o aprendizado escolar é necessariamente democrático não apenas por essa universalidade, mas também por razões didáticas ligadas à natureza mesma do processo pedagógico, que só se faz com a vontade do educando.

O primeiro ponto a ser considerado quando se fala em direito à educação é a necessária precisão da natureza desse direito e de sua extensão. Como vimos, no senso comum costuma-se acreditar que o direito à educação escolar se restringe à "transmissão" sistematizada de conhecimentos e informações. Tal premissa está equivocada tanto com relação à forma quanto com relação ao conteúdo da educação.

Com relação ao conteúdo, é uma visão altamente reducionista e discriminatória porque não serve à formação do humano-histórico em sua plenitude, restringindo o ensino às tradicionais disciplinas escolares. Todavia,

o ser humano, para realizar-se como tal, para sentir-se bem, liberto dos grilhões da necessidade, não precisa apenas de conhecimentos e informações. A cultura, na forma de todo desenvolvimento científico, filosófico, ético, artístico, tecnológico, etc., é o próprio substrato da liberdade do homem, para além da necessidade natural. Nesse sentido, cada indivíduo se faz mais livre à medida que se apropria da cultura. Quando falamos de direito à educação, portanto, isso não pode significar o direito apenas a pequenos "pedaços" da cultura, na forma das chamadas disciplinas escolares (Matemática, Geografia, Língua Portuguesa, etc.). Estas são, sem dúvida, partes importantíssimas da herança cultural, mas não são tudo. (Paro, 2011, p. 137-138)

Infelizmente, é a visão do senso comum que orienta de modo geral as políticas públicas em educação, entre nós, com o agravante de que as próprias metas do ensino têm se reduzido a rudimentos de Matemática e Língua Portuguesa que são pretensamente aferidos por meios dos duvidosos sistemas de "avaliação" em ampla escala, como o Saeb, a Prova Brasil, etc., cuja principal função tem sido escamotear ainda mais os reais problemas de nosso ensino.

Com relação ao método, é espantoso constatar que, apesar de todo o desenvolvimento das ciências da Educação, especialmente no último século, a concepção que estrutura a escola básica em todo o território nacional ainda é a visão ingênua do senso comum, da qual já falei, segundo a qual os conhecimentos são "transmitidos" de forma linear de quem educa para quem é educado. É preciso insistir que essa forma de ensinar não funciona. Primeiro porque, especialmente na escola fundamental e na de educação infantil, os conhecimentos não se "passam" sozinhos, exigindo os outros componentes culturais (arte, filosofia, crenças, valores, direito, esportes, etc.) para se integrarem na formação plena da personalidade do educando. Por isso, nossa escola, ao pretender "passar" só conhecimentos, nem mesmo isso consegue fazer. Em segundo lugar, porque cultura (o verdadeiro conteúdo da educação) não se *transmite*, como acontece com uma mercadoria ou um objeto qualquer. As ciências que subsidiam a Pedagogia têm provado à exaustão que o educando só aprende quando se faz sujeito (autor), isto é, quando sua ação no processo pedagógico não é simples atividade, mas expressão de sua vontade. Sendo assim, o educando não é um ser passivo que recebe a cultura de quem lhe passa. O educador não lhe transmite nada, mas tão somente apresenta ao educando um componente cultural (um conhecimento, um valor, uma habilidade, etc.) e propicia condições para que este *se approprie* desse elemento cultural. É o educando quem processa o aprendizado, *educando-se*. Como já anunciei (nota de rodapé 1 deste capítulo), ao apropriar-se de determinado conteúdo cultural, este passa a ser do educando, sem deixar de ser (continua sendo) do educador. Não há, pois, *transmissão* deste para aquele, como creem o senso comum e os formuladores de políticas educacionais. A cognição é *construída* no processo ensino-aprendizado e o educando incorpora a cultura em sua personalidade viva, educando-se.

Sequestro e degradação

O processo pedagógico como acabo de resumir consiste em autêntica ação política porque se trata de uma relação de convivência entre sujeitos. Mais do que isso, se o processo pedagógico é efetivamente exitoso, trata-se de uma relação democrática, já que é uma relação entre sujeitos que se afirmam como tais. O professor é necessariamente sujeito porque tem um objetivo a realizar e se aplica em sua realização; o educando é sujeito porque o êxito do aprendizado só se dá se ele aplica sua vontade na atividade de aprender. Além disso, o educando, como objeto de trabalho — ou seja, o elemento do processo de trabalho que se transforma (em sua personalidade viva) no produto final (o indivíduo educado) por meio da apropriação da cultura — precisa ser sujeito porque o fim da educação é a produção de um sujeito (o ser humano-histórico). Como, numa ação eficiente, os meios não podem contrariar os fins, o objeto de trabalho pedagógico não pode ser mero objeto, mas um sujeito, mesma condição esperada do produto que se propõe realizar.

Diante disso, todo tratamento técnico (didático-metodológico) da relação pedagógica não pode de modo nenhum ignorar o caráter político dessa relação. O processo de trabalho pedagógico está perpassado pelo técnico e pelo político em completa interdependência e simbiose. Toda providência técnica consiste, então, no provimento e fortalecimento da ação política (democrática), de tal forma que quanto mais tecnicamente consistente, mais o processo se torna democrático e quanto mais democrático mais se fortalece tecnicamente.

Esse caráter político (democrático) da relação ensino-aprendizado revela toda a especificidade do trabalho pedagógico. É essa especificidade que é ignorada pelos formuladores de políticas educacionais alheios ao campo pedagógico. Diversamente de outros tipos de produção — que povoam a mente e a preocupação dos administradores

DIRETOR ESCOLAR

de empresa de modo geral — em que o trabalhador adota uma posição de exterioridade com relação a seu objeto de trabalho, o professor como trabalhador precisa envolver-se (politicamente) com o educando, seu objeto de trabalho por excelência. O fazer do educador não realiza apenas uma ação que resulta num produto. Seu fazer, em vez disso, deve produzir outro fazer (do educando) que realiza a ação que dá origem ao produto desejado, isto é, sua personalidade modificada pela cultura por ele incorporada.

A ação da escola e de seus educadores reveste-se assim de uma complexidade ímpar que exige condições de trabalho adequadas tanto aos aspectos políticos quanto aos técnicos. Os primeiros dizem respeito, acima de tudo, à liberdade e à autonomia de professores e demais educadores escolares para planejarem e organizarem suas atividades de acordo com as peculiaridades de seus alunos, do currículo envolvido e da especificidade do trabalho pedagógico. Os aspectos técnicos, por sua vez, têm a ver com todas as condições materiais e institucionais necessárias ao desenvolvimento da ação pedagógica, indo desde recursos didáticos, material escolar, mobiliário, salas e ambientes disponíveis, passando por remuneração satisfatória e formação permanente adequada, até os espaços e tempos reservados para a troca de experiências com colegas de trabalho e compartilhamento de experiências com a comunidade.

Quando essas condições políticas e técnicas não se encontram presentes, verifica-se o sequestro do caráter público da instituição escola e a degradação de seu desempenho pedagógico. Essas consequências não estão dissociadas uma da outra. Assim, o sequestro do público ocorre duplamente: por um lado, em virtude das dificuldades de exercício da ação política dentro de parâmetros democráticos e de liberdade de atuação por parte de educadores e educandos; por outro, devido ao empobrecimento da ação pedagógica que, assim, não consegue desenvolver-se de modo a propiciar a apropriação da cultura por parte dos educandos, seu direito público fundamental. Por sua vez, a degradação do pedagógico já está presente no próprio sequestro do público, na medida em que as condições técnicas omitem sua conotação inerentemente política, impossibilitando também uma prática pedagógica consistente.

Certamente há mais de uma forma de sequestrar o caráter público da escola e de patrocinar a degradação de sua prática pedagógica, e o modo descuidado e antipedagógico como o Estado vem tratando das políticas educacionais relacionadas à escola básica é repleto de consequências deletérias. Uma das maneiras atualmente em voga por parte dos vários sistemas de ensino para desonerar-se de seu dever de proporcionar ensino de boa qualidade para a imensa população necessitada de educação básica é a adoção dos inexplicáveis pacotes e "sistemas" de ensino da iniciativa privada, que são adquiridos com dinheiro público para favorecer interesses particulares e são impingidos aos educadores escolares, sem a mínima consideração pela especificidade do educativo e pela liberdade de ensinar dos professores.

É notório que as estratégias adotadas por esses "sistemas" geralmente agridem os mais comezinhos critérios da boa pedagogia, buscando "taylorizar" o trabalho do professor e ultrapassando as raias do tolerável em termos de desqualificação. Todavia, a análise a ser feita, primariamente, não é se o material pedagógico utilizado por tais "sistemas" é de boa ou má qualidade, porque o processo pedagógico não se reduz a esse aspecto, embora isso também não possa deixar de ser considerado. A degradação se concretiza, fundamentalmente, porque o próprio modo de gerir o pedagógico, alijando os educadores escolares de sua liberdade de conceber, planejar e executar o ensino de forma orgânica e tecnicamente consistente, impossibilita uma educação eficiente, pois tira da escola as condições adequadas de realizar o ensino de acordo com suas peculiaridades políticas e pedagógicas.

Em suma, a interferência do privado na escola básica — especialmente por meio dos pacotes e "sistemas" de ensino comercializados pela iniciativa privada (mas com certa frequência também pela compra de "serviços" de fundações empresariais, ONGs e assemelhados) —, ao atender a grupos particulares com interesses marcadamente mercantis, sonega dos educadores escolares o direito (e o dever) de planejarem, organizarem e executarem a aprendizagem em estreita colaboração com seus colegas e educandos. Ao invadir, assim, o espaço público, o privado não só reduz a universalidade da cidadania, mas também solapa o terreno em que se constrói o educativo.

3.4 O processo de trabalho escolar

Tendo em vista a tomada de decisões competentes no âmbito das políticas educacionais, uma abordagem cientificamente relevante da atividade educativa que se realiza na escola fundamental exige considerá-la como *ação pedagógica* e como *processo de trabalho*.

A consideração da educação como ação pedagógica já foi feita, em grande parte, neste livro. Ela requer, como vimos, uma visão mais rigorosa do próprio conceito de educação, que ultrapasse o senso comum, segundo o qual ela é simples transmissão de conhecimento. Isso é falso, em primeiro lugar, porque o objeto da ação educativa não se restringe ao conhecimento. Se ela tem por fim a formação de personalidades humano-históricas, seu objeto é a *cultura* em sua integralidade: conhecimentos, valores, arte, ciência, filosofia, crenças, tecnologia, direito, enfim, tudo o que é produzido historicamente. Mesmo que fosse possível a "passagem" *apenas* de conhecimentos (e não é, como tem ilustrado a ineficiência de nosso sistema de ensino), isso não resolveria o problema educativo, pois deixaria a população privada do inalienável direito à cultura.

A concepção de educação do senso comum é falsa, em segundo lugar, porque na relação ensino-aprendizado não há, na verdade, nenhuma *transmissão*, seja de conhecimentos, seja de qualquer outro elemento cultural, por parte do educador; o que há é uma *apropriação* de tal elemento pelo educando (ver nota de rodapé n° 1, deste capítulo). Ou seja, como já foi sobejamente provado — e como insisto em enfatizar —, o educador propicia condições (ensino) para que o educando se aproprie (aprendizado) da cultura. Não há algo *transferido* de um lugar para outro ou da posse de uma pessoa à de outra. Ao apropriar-se do conhecimento (ou de qualquer outro elemento cultural), o educando entra na "posse" deste (que passa a compor sua personalidade viva), sem que este deixe de continuar presente também na personalidade do educador. É assim que se dá, ou que se "constrói", a cognição, efetivando-se a tarefa educativa.

Os fundamentos desse processo são de importância decisiva quando se pretende examinar a educação como trabalho sem obscurecer nem omitir sua característica pedagógica. Assim, será de muita valia para compreender a educação fundamental como processo de trabalho reter desde já os papéis que desempenham tanto educando quanto educador.

O educando não desempenha sua função como alguém que simplesmente "apanha" o saber das mãos do educador e o guarda para si. Seu papel não é apenas "ativo", mas de sujeito. Como tenho insistido, "sujeito" aqui é entendido como característica distintiva do ser humano-histórico diante de tudo o mais. Não apenas ator ou agente, mas essencialmente *autor*, senhor de *vontade*, que transforma o mundo, guiado por seus sonhos, seus interesses, sua vontade autônoma. É praticamente uma tautologia, portanto, afirmar que o educando só aprende se quiser, porque é isso que o faz originalmente humano-histórico e é a formação do humano-histórico que se objetiva com a relação pedagógica. Seu aprendizado, portanto, nunca é uma passividade: nem como uma inatividade, adotada pelos métodos mais ultrapassados, nem como uma atividade de autômato, irreflexiva, como defendem os adeptos de um ativismo acrítico.

Em decorrência disso, também o papel do educador é muito mais complexo do que o que usualmente lhe imputa o senso comum pedagógico. Na visão tradicional, o bom professor é apenas aquele que tem um domínio pleno do "conteúdo" (leia-se: conhecimentos) e consegue dosá-lo e organizá-lo de forma a "transmiti-lo" aos alunos, com pouca ou nenhuma preocupação a respeito de sua capacidade de promover nestes a condição de sujeitos. Isso supõe que os estudantes já venham à escola interessados em aprender, o que está bem longe da realidade, especialmente quando se trata de crianças e adolescentes, ou seja, em fase de formação de suas personalidades, e que não tenham ainda *aprendido*, por vias educacionais adequadas, a querer aprender.

A omissão da constatação básica da Didática de que o educando só aprende se quiser tem feito com que a escola, em vez de procurar superar sua incompetência em ensinar, acabe culpando os alunos por não quererem aprender. Assim, a tarefa que à escola cumpre realizar passa a ser desculpa para sua não realização. Ignora-se que a função básica da escola como educadora é precisamente levar os educandos a quererem aprender.

A superação dessa situação exige o abandono do amadorismo dominante em nossa prática escolar e o uso dos recursos oferecidos pela ciência na compreensão do desenvolvimento biológico, psíquico e social do ser humano. Se o educando só aprende fazendo-se sujeito, se esta é a condição primeira para o aprendizado, então é preciso, para educar, que se conheça e se leve em conta *como* esse ser se faz sujeito no decorrer de seu desenvolvimento. Para isso, é preciso valer-se do contributo das disciplinas e ciências da educação, apropriando-se do conhecimento técnico-científico necessário à promoção do aprendizado. A Pedagogia é uma matéria teórico-prática como a Medicina. Ela não pode contar apenas com o senso comum e com as "boas intenções de amadores" (Ravitch, 2011, p. 248). Ela precisa apoiar-se nas ciências e campos de conhecimentos que lhe dão fundamento e sustentação: Psicologia, Sociologia, História, Didática, Filosofia, Antropologia, Biologia, Neurociência, enfim, todos os esforços que a inteligência humana faz

DIRETOR ESCOLAR   73

para compreender e promover o aprendizado da cultura. Sem isso, o que se tem é a situação que está aí: uma escola que não ensina.

Em síntese, o que a consideração da educação como ação pedagógica possibilita é o convencimento de que a tomada de decisões competentes no âmbito das políticas públicas educacionais não pode ignorar a natureza do processo de ensino-aprendizado, sua especificidade e os conhecimentos técnicos e científicos que o envolvem. Mas esse conhecimento não pode estar presente *apenas* nas práticas escolares. Para que estas se desenvolvam a contento é preciso, antes de tudo, que tais saberes orientem as próprias políticas das quais dependem essas práticas. Somente a partir de um conhecimento correto, cientificamente informado, do fato educativo, os tomadores de decisão poderão conceber e proporcionar condições adequadas ao bom funcionamento da escola e à atividade de seus trabalhadores.

Além dessa visão pedagógica, a ação educativa precisa ser considerada também como processo de trabalho. Como vimos no capítulo 1, o trabalho pode ser concebido, inicialmente, em seu sentido geral, "independentemente de qualquer forma social determinada" (Marx, 1983, t. 1, p. 149), ou seja, como "atividade orientada a um fim" (p. 150).[4]

Esse conceito tem um enorme poder de síntese e expressa a própria condição histórica do homem. Trata-se do trabalho como criador de valores de uso, trabalho concreto,

---

4. Como se poderá perceber, toda a argumentação a seguir sobre o trabalho humano está fundamentada em Karl Marx (1977, 1978, 1983). Uma explanação menos sumária pode ser encontrada em Paro (2012b).

produtor de coisas úteis, materiais ou imateriais. Como tal, o trabalho é "uma condição de existência do homem, independente de todas as formas de sociedade, eterna necessidade natural de mediação do metabolismo entre homem e Natureza e, portanto, da vida humana" (Marx, 1983, t. 1, p. 50). Nessa acepção, o trabalho é atividade especificamente humana, pois só o homem é capaz de estabelecer objetivos a partir dos valores que cria e agir guiado por esses objetivos. O ser humano trabalha, portanto, quando produz direta ou indiretamente sua existência mas também quando usufrui dessa produção, mesmo que o fim em pauta seja o usufruto de algo já produzido ou em processo simultâneo de produção. O trabalho não se restringe pois, à produção econômica propriamente, mas se expande mesmo para as atividades de lazer e de usufruto da produção histórico-cultural. Como atividades adequadas a fins, são trabalhos tanto a execução de uma sinfonia por uma orquestra quanto a oitiva e apreciação dessa execução pelas pessoas presentes na plateia.

Para a reflexão sobre a educação como processo de trabalho, é importante nomear os elementos que estão presentes em todo trabalho humano, ou seja, os *meios de produção* (tudo aquilo de que o homem se serve para, por meio do trabalho, realizar um produto, seja material seja não material) e a *força de trabalho* (a energia humana, física e espiritual, aplicada no processo). Como se recorda do capítulo 1, os meios de produção se subdividem em: *objeto de trabalho* e *instrumento de trabalho*. O primeiro consiste em tudo aquilo que é transformado no processo e que se incorpora no produto final. O segundo é todo elemento que se interpõe entre o trabalhador e o objeto de trabalho e é utilizado pelo trabalhador para transformar o objeto de trabalho em produto.

Esse conceito geral de trabalho se aplica sem nenhuma dificuldade teórica ao processo educativo, desde que não se perca a natureza pedagógica deste.

Em primeiro lugar, há que se ter presente a singularidade do objetivo a que se visa e que deverá orientar toda a atividade. Trata-se da formação de personalidades humano-históricas, por meio do ensino-aprendizado. Se a atividade é de ensino e de aprendizado, tanto o educador quanto o educando são considerados *trabalhadores* que despendem sua energia humana (*força de trabalho*) na realização do *produto*.

O produto do processo educativo consiste no ser humano educado; por isso, diferentemente do que acredita a pedagogia tradicional, boa escola não é a que dá boas aulas, mas aquela que forma bons cidadãos. Assim, não há nada de errado em se exigir que a escola seja produtiva, desde que a medida de sua produtividade se refira ao *produto* que lhe cumpre oferecer: o aluno educado, ou melhor, a porção de cultura incorporada à personalidade do aluno pela ação da escola (cf. Paro, 2012b, p. 188-192). Há que se agarrar, pois, à realidade desse produto e desse objetivo, tanto em sua realização quanto na avaliação de sua consecução. Estes são processos muito mais complexos do que produzir certificados que nada certificam ou realizar "avaliações" em larga escala para produzir ranques que nenhum benefício trazem ao ensino.

Em segundo lugar, é preciso estabelecer rigorosamente quais são os elementos do processo de trabalho pedagógico. Parece não haver nenhuma dificuldade com relação aos instrumentos de trabalho (material escolar em geral, mobiliário, laboratórios, recursos audiovisuais, salas de leitura, prédio escolar, etc.) e a necessidade de sua adequação aos objetivos do ensino. Com relação à força de trabalho, como tanto educador quanto educando são trabalhadores, parece também fácil de estabelecer que ela consiste na energia humana, física e mental, despendida tanto por um quanto por outro. São, todavia, forças de trabalho diversas, a do educador empregada nas atividades que levam o educando a aprender, e a deste utilizada em seu empenho em educar-se.

Já com referência ao objeto de trabalho, costuma haver resistências em sua identificação, sob a alegação de que não se pode aplicar na escola o conceito de trabalho da fábrica ou da produção material em geral. Todavia, o conceito marxiano de trabalho como "atividade orientada a um fim", que acabamos de ver, é um conceito de trabalho *em geral*, que faz abstração de toda particularidade, e que, por isso, se aplica a *todo* tipo de trabalho, seja na produção material ou imaterial, seja ele produtor de mercadorias ou não. Assim, uma análise criteriosa da educação como processo de trabalho deve nos levar a concluir que, além da própria cultura — que é processada e se incorpora na personalidade do educando — o objeto de trabalho por excelência é o educando, pois é este que se transforma (em sua personalidade viva) para dar origem ao produto. Mais uma vez, é de extrema importância atentar para a natureza pedagógica da educação, para constatar que não se está diante de um objeto de trabalho qualquer, ou seja, não se trata de mero *objeto*, como acontece na produção material, por exemplo, mas de um *sujeito*. Isso é decisivo quando se trata de tomadas de decisões competentes no âmbito das políticas educacionais.

Além dessa concepção geral do trabalho humano, "independentemente de qualquer forma social determinada" (Marx, 1983, t. 1, p. 149), é preciso, também, considerá-lo como se apresenta hoje, na sociedade brasileira, o que implica verificar as configurações que ele assume no modo de produção especificamente capitalista. Nesse modo de produção, há uma separação histórica entre meios de produção e força de trabalho. Os primeiros — objetos de trabalho e instrumentos de produção — constituem as condições objetivas de vida, já que só tendo acesso a eles o homem pode, pelo trabalho, transformá-los em valores de uso que garantam a produção de sua existência material. Em qualquer sociedade, a classe ou grupo social que detém a propriedade dos meios de produção é quem detém também o poder dominante. No modo de produção capitalista, como o próprio nome indica, os meios de produção são propriedade do capitalista. A força de trabalho, por sua vez, é propriedade dos trabalhadores que, por não terem acesso aos meios de produção, precisam vender sua força de trabalho, como condição de sua existência.

O capital é a forma social assumida pelo dinheiro que compra meios de produção e força de trabalho com o objetivo de expandir-se, pela apropriação do valor excedente, produzido a partir da associação desses dois tipos de mercadoria. Ao comprar a força de trabalho, o capital paga seu valor de troca e tem acesso a seu valor de uso. Ocorre que o valor de uso dessa mercadoria especial é produzir valor e, além disso, no processo de trabalho tipicamente capitalista, produz, como já vimos, um valor maior do que seu próprio valor. Esse valor excedente, denominado mais-valia, é que permite a expansão do capital, fazendo o lucro do capitalista, que constitui o objetivo último desse tipo de produção.

O trabalho que produz mercadorias como valores de uso é o *trabalho concreto*, com as propriedades que vimos quando falamos do trabalho em geral. Mas esse mesmo trabalho, na produção capitalista, assume uma *forma social* específica, em decorrência de constituir consumo da mercadoria força de trabalho. O trabalho produtor de mercadorias, *considerado em sua condição de dispêndio da mercadoria força de trabalho*, é denominado *trabalho abstrato*. É, portanto, esse trabalho que é responsável pela produção de valor, e, assim, de valor excedente ou mais-valia. Na verdade, como se percebe, é o mesmo trabalho, visto ora como produtor de valores de uso (trabalho concreto) ora como produtor de valor (trabalho abstrato). Para os proprietários dos meios de produção, representados pelo capital, o que interessa acima de tudo é o que produz lucro, ou seja, o trabalho abstrato, do qual decorre a mais-valia; o trabalho concreto só lhes interessa como "encarnação" de trabalho abstrato.

Esse conceito de trabalho abstrato (historicamente determinado sob o capitalismo) possibilita compreender a forma peculiar de vigência da razão mercantil nesse modo de produção. O interesse do capitalista, o lucro, se apresenta sob a forma de mais-valia; o interesse do trabalhador sob a forma de salário. Para o primeiro, pouco importa a forma concreta dos bens ou serviços resultantes do emprego de força de trabalho e meios de produção; o importante é que ele possa vendê-los por um valor ampliado. Por isso, seu entendimento de *produtividade* está intrinsecamente rela-

DIRETOR ESCOLAR

cionado à produção de mais-valia. Assim, do ponto de vista da produção capitalista, "só é *produtivo aquele trabalho* — e só é *trabalhador produtivo* aquele que emprega a força de trabalho — que diretamente *produza mais-valia"* (Marx, 1978, p. 70, grifos no original). O trabalhador, por sua vez, também não precisa ter nenhum interesse direto no tipo de trabalho que exerce, nem no produto daí decorrente, porque o motivo que o leva a vender sua força de trabalho e submeter-se ao capital é o salário que garante sua sobrevivência. Em outras palavras, o trabalho na produção capitalista tem todas as características de um *trabalho forçado*.

Em princípio, também essas considerações sobre o trabalho socialmente determinado podem favorecer uma reflexão mais rigorosa a respeito da ação educativa, ensejando maior aproximação do problema teórico que envolve o professor como trabalhador. Mas, se a aplicação do conceito de trabalho em geral possibilitou-nos ver com maior clareza o processo ensino-aprendizado, o conceito de trabalho abstrato da produção capitalista só pode fazê-lo por contraste, ou mesmo por franca oposição.

Em primeiro lugar, há um antagonismo insuperável com relação ao produto do trabalho útil (concreto) como objetivo da produção. No caso da produção capitalista, o produto do trabalho concreto (uma mercadoria) é apenas uma mediação para a realização do objetivo último do proprietário dos meios de produção, que é a mais-valia. Para a produção pedagógica, entretanto, a razão de ser é o próprio valor de uso produzido pelo trabalho concreto, ou seja, a formação de uma personalidade humano-histórica, como objetivo último da ação educativa. No primeiro caso, não há nenhum compromisso social ou afetivo com a mercadoria resultante da produção. Ela é apenas um objeto a ser convertido em lucro em favor dos que comandam a produção. Já no caso do processo educativo, o resultado é um produto imediatamente útil, relevante individual e socialmente. Os que comandam a produção (cujo poder se consubstancia no Estado) têm um compromisso com o próprio cidadão, cuja vontade e interesse é componente do próprio Estado.

Em segundo lugar, há uma diferença radical entre os interesses dos trabalhadores em cada uma dessas situações. Na produção capitalista, como vimos, o trabalho é forçado. O trabalhador só se submete a ele porque é sua única opção de acesso aos meios de produção e, portanto, à produção da própria subsistência. Seu interesse é o recebimento de um salário, e tudo o que faz está condicionado a esse interesse. É bem verdade que também ele tem de preocupar-se com a qualidade do valor de uso (mercadoria) que produz, mas essa preocupação circunscreve-se aos limites de seu contrato com o patrão. O interesse e a responsabilidade pelos destinos da mercadoria é do capital, nada precisando (ou podendo) fazer o trabalhador. Seu "desinteresse" pelo bem ou serviço que produz é tal que, em favor de seu interesse específico por melhor salário, ele pode utilizar (e, em geral, utiliza) sua produtividade como moeda de troca na luta contra o empregador de sua força de trabalho, produzindo mais e melhor, dependendo do salário que lhe é proporcionado.

A coisa é bastante diferente quando se trata do professor, especialmente na escola pública fundamental. Embora ele também tenha o interesse no salário, porque não pode sobreviver sem ele, sua motivação não pode esgotar-se aí, sob pena de sua produtividade ficar seriamente comprometida. O fato de que o aluno só aprende se quiser e de que portanto o professor precisa levá-lo a querer aprender exige que este, desde o início, se envolva pessoal e politicamente com seu objeto de trabalho, não podendo consistir num mero executor de tarefas, apenas para conseguir seu salário. Neste sentido, seu trabalho não discrepa apenas do trabalho capitalista, mas de todo trabalho que permite a seu executor uma relação de exterioridade com o objeto de trabalho.[5]

Num trabalho qualquer, o trabalhador (individual ou coletivo) imprime sua ação de transformação no objeto de trabalho, o qual *resiste* de forma passiva (como objeto) a essa intervenção, deixando-se plasmar num novo produto. No caso da educação, não. A ação do educador não se dá de uma forma exterior, como quem transforma o objeto de trabalho e este se deixa transformar no produto. Aqui, o educador oferece condições para que o educando aprenda, e este *reage* ativamente, participando *como sujeito* (orientado por sua vontade) da elaboração do produto.

Em virtude de o aluno operar como sujeito, o professor também tem de atuar como sujeito, e mais: como sujeito que dialoga com sujeito. Isso afeta inapelavelmente sua condição de trabalhador e o coloca diante de questões técnicas inteiramente singulares. É nesse contexto que as determinações técnicas se entrecruzam com as determinações políticas.

---

5. Evidentemente, não se trata de ignorar os casos em que, mesmo considerando a exterioridade do objeto de trabalho, o trabalhador assalariado pode ter uma relação de intenso envolvimento e interesse no trabalho que desenvolve — o que é muito comum, por exemplo, no campo das artes e das chamadas profissões liberais. Apenas que aqui estou interessado em elucidar a circunstância de que, no caso do professor, esse envolvimento com o objeto de trabalho não constitui mera *possibilidade*, mas uma *necessidade* da produção em pauta.

O ser humano não é um ser apenas social, mas um ser político, porque, nas relações sociais que estabelece, está suposta a condição de sujeito dos envolvidos. De acordo com esse conceito amplo que vimos adotando, política refere-se, pois, à atividade humano-social com o propósito de tornar possível a convivência entre grupos e pessoas em sua condição de sujeitos, portadores de múltiplos valores e interesses (Paro, 2010).

Observe-se, então, que os professores do ensino fundamental, mais do que uma função técnica, têm de desempenhar uma função política. Ou, expressando de forma mais precisa, *a função técnica contém ela mesma o político*. Além disso, não se trata de *qualquer* ação política, mas da ação política em sua *forma democrática*. Como já afirmei, a democracia, também em sentido amplo, consiste na atividade política em que a convivência se dá entre sujeitos *que se afirmam como tais*. Há, portanto, o respeito à subjetividade do outro, com quem se *dialoga* em igualdade de autonomia. Esse é, precisamente, o tipo de relação tecnicamente *exigida* para que a atividade pedagógica se efetive. As ciências da educação mostram que, sem diálogo, não há aprendizado, logo, não há ensino. Em Pedagogia, portanto, a natureza política (democrática) da relação é uma necessidade técnica.

3.5 O trabalho docente e sua singularidade

As ponderações sobre educação e trabalho apresentadas neste capítulo podem jogar alguma luz sobre a ação educativa na escola de ensino fundamental como processo de trabalho e sobre as implicações daí decorrentes para as

DIRETOR ESCOLAR

políticas educacionais e para a administração escolar. É nesse contexto que convém examinar a questão do professor como trabalhador, visto que sua ação precisa integrar-se a essas políticas, a essa administração e ao tipo de educação que elas têm por objeto.

Assim, com relação às políticas públicas, a questão é examinar as chances de se constituir sistemas de ensino que verdadeiramente cumpram a magna função de formar personalidades cidadãs, oferecendo os meios necessários para a efetivação da educação escolar, e verificar até que ponto a razão mercantil e o amadorismo pedagógico têm contribuído para solapar as esperanças nesse sentido. São muitas as indagações a esse respeito, mas algumas se destacam por sua direta relação com a questão do professor como trabalhador.

Um primeiro ponto — talvez o mais determinante de todos — consiste em indagar em que medida o objetivo de formar cidadãos, associado à necessária dimensão de sujeito do estudante da escola fundamental, está presente nas políticas públicas educacionais. É possível traçar políticas, estabelecer planos, tomar medidas, implantar projetos, orientar ações, sem que se tenha presente a natureza do próprio objeto de trabalho que cumpre transformar para se consumar a realização dos produtos que são a razão de ser do sistema? A necessidade de contemplar esse objetivo e essa dimensão parece tornar insustentável a aplicação da razão mercantil na concepção e implementação de políticas educacionais, pois os seguidores dessa lógica do mercado, ao ignorarem o objetivo último da educação, têm violado o princípio básico da própria Administração, ou seja, a adequação entre meios e fins. Como esperar que os procedimentos didático-pedagógicos adotados no nível da unidade escolar e da situação de ensino sejam coerentes com a formação de personalidades humano-históricas, se esse objetivo, nos discursos e nas práticas, é permanentemente ignorado em nível de sistemas, em favor de interesses centrados na lógica do mercado e nas inconsequências do amadorismo pedagógico, como vimos anteriormente?

Outro aspecto, também intimamente relacionado ao objetivo do ensino, diz respeito à noção de qualidade daí decorrente, bem como dos mecanismos adequados a sua aferição. A boa qualidade de determinado produto está relacionada aos atributos esperados desse produto. No caso da educação escolar, tais predicados dizem respeito a expectativas e interesses individuais e sociais. Se essas expectativas e interesses não consistem mais em apenas conquistar certificados, adequar-se ao emprego ou avançar em ranques de duvidoso valor, então, a verificação da qualidade precisa dizer respeito aos novos atributos relacionados à formação integral do cidadão. Assim, é de se perguntar se uma política de avaliação da qualidade do produto escolar (o que o aluno aprende ou aprendeu), bem como do desempenho da própria escola e de seus servidores, pode continuar bastando-se nos duvidosos testes em ampla escala. Em primeiro lugar, se se está realmente interessado nos resultados, a avaliação mais importante de que se deve cuidar é aquela que se dá durante o próprio processo de realização do produto. Além disso, se o objetivo não é mais *guardar* conhecimentos e conceitos, mas *aprender* cultura, ou se *apropriar* da cultura, a complexidade do produto está a exigir mecanismos de avaliação externa muito mais refinados e inclusivos — na forma de supervisão direta, assessoria técnica e compromisso com a escola — do que a mera fiscalização com o objetivo de buscar culpados que funcionem como álibis para a incompetência do sistema.

Esse rigor e esse cuidado com a educação escolar e com a qualidade de seu produto apontam necessariamente para a atenção que deve ser dada ao professor como trabalhador do ensino. As questões aqui são bastante numerosas, mas duas podem ser preliminarmente destacadas: suas condições de trabalho e sua formação. No primeiro caso, sobressai a questão do salário, mas esta não é a única, porque, na escola, embora seja o protagonista da função docente, o professor não educa sozinho. A escola é que precisa ser concebida como *educadora*, pois, a função educativa escolar não depende apenas do professor, mas de toda a estrutura e funcionamento da escola. Contudo, no tratamento dado ao salário do professor é que parece residirem os maiores equívocos e mal-entendidos resultantes da razão mercantil e do amadorismo pedagógico.

Na produção capitalista a remuneração apenas da força de trabalho degrada o vida do trabalhador mas faz parte da lógica do capital e é coerente com o produto que se busca realizar. O trabalho, mesmo forçado, traz eficiência na produção e concorre para o alcance dos objetivos dos proprietários dos meios de produção. Mas, na educação escolar, não parece possível seguir essa lógica sem comprometer seriamente o alcance dos objetivos, pois o educador não pode ensinar, de fato, apenas orientado por seu interesse no salário. Daí o caráter extremamente problemático de alcançar maior produtividade por meio de estímulos pecuniários como a chamada "remuneração por mérito". Em vez disso, parece muito mais razoável concluir que, se, como vimos, o salário não pode constituir a razão de ser da atividade do mestre educador — porque a complexidade de sua função lhe exige um envolvimento *sui generis* com o educando e sua formação, motivo último de seu ofício —, então seu salário precisa ser tão justo e compensador, de tal modo que isso sequer seja motivo de preocupação, estando ele livre e tranquilo para realizar seu trabalho voltando-se para os interesses que de fato contribuem para a boa realização de seu produto.

Sobre esse tema, tanto na academia quanto nas entidades sindicais de professores, parece haver uma lacuna nos discursos críticos acerca do modo como se dá o trabalho docente no ensino público fundamental, que consiste precisamente na não consideração dessa singularidade do trabalho educativo. As análises, em geral, se ocupam longamente da crítica ao modo capitalista de produção, à alienação do trabalho inerente a esse modo de produzir, e, diretamente ou por analogia, à opressão sofrida pelo trabalhador da educação quando subsumido à lógica mercantil capitalista. Sem dúvida, a adoção de mecanismos de mercado no recrutamento, contratação e gestão do trabalho de professores e demais educadores escolares é um dos aspectos mais insólitos das atuais políticas educacionais baseadas na gestão empresarial. Para a crítica dessa tendência, o estudo da habituação (forçada) do trabalhador ao modo de produção capitalista é essencial para identificar importantes forças que atuam no desempenho e no moral dos professores da escola básica. Não é, contudo, suficiente para elucidar a complexidade do trabalho docente. É preciso, além disso, ter presente a singularidade da ação educativa, que só se faz com o exercício da condição de sujeito dos envolvidos.

Faz-se necessário, portanto, evitar certo tipo de crítica que, não conseguindo se desapegar de jargões contra o neoliberalismo, acaba restringindo sua análise aos fatos do mercado, deixando de ultrapassar os limites estabelecidos pela própria razão mercantil. Ignora-se, com isso, que a adoção de padrões capitalistas de gestão traz consequências funestas não só para os interesses do trabalhador, mas também para a efetivação do ensino. É dupla, pois, a violência da aplicação da gerência capitalista na escola. Ou seja, mesmo depois de plenamente estabelecido o caráter deletério da utilização da "fúria gestionária" no trabalho de modo geral, com seu contributo degradante para o trabalhador, ainda restará analisar a singularidade do trabalho docente e os entraves que a desconsideração dessa singularidade opõe à efetivação da educação.

A formação docente, por sua vez, é um dos assuntos mais complexos, quando se contempla essa singularidade do trabalho pedagógico. Usualmente, se acredita que bastam a frequência a um curso superior e a obtenção de um diploma de licenciatura para exercer com qualidade as atribuições docentes. Nessa perspectiva, as referências a uma melhor qualificação se resumem, em grande medida, na apropriação dos conhecimentos relativos aos conteúdos curriculares, às teorias pedagógicas e às metodologias de ensino. Quando, todavia, a partir de uma concepção crítica de educação, se considera seu caráter intrinsecamente político, aparecem questões que não costumam estar presentes nos debates sobre formação docente. Uma das mais relevantes é o fato de que a formação política necessária para se estabelecer um diálogo democrático na relação pedagógica inicia-se na infância. É desde a mais tenra idade, iniciando-se pela socialização primária (Berger; Luckmann, 1973), mas prolongando-se por toda a fase de desenvolvimento biopsíquico-social da criança e do adolescente, que se assimilam valores e condutas que formarão personalidades mais, ou menos, democráticas. O que fazer, portanto, quando se sabe que o primeiro contato formal com a "preparação" docente por parte do professor se dá na educação infantil e no ensino fundamental? Parece que essa é uma boa indagação para se refletir mais intensamente sobre qualidade do ensino nesses níveis, em que se dá parte importante da própria *formação pedagógica* de seus futuros professores (Paro, 2003b). Além disso, há que se envidar esforços para introduzir, já, na formação docente (regular e em serviço) medidas que concorram para neutralizar os vícios autoritários trazidos para o ensino superior ou para a prática docente dos que exercem a profissão, e ao mesmo tempo desenvolver virtudes democráticas condizentes com o ofício de educar.

Finalmente, no caso da administração escolar, em sintonia com igual movimento nas políticas educacionais, constata-se uma verdadeira "fúria gestionária" que procura aplicar na escola e em sua gestão, cada vez mais estritamente, os métodos e técnicas da empresa tipicamente capitalista. Mais e mais indivíduos, vindos do mundo dos negócios e desprovidos de qualquer familiaridade com a educação e com a escola, se põem a dar ideias e a oferecer soluções para os problemas da gestão escolar. Em geral, buscam se fundamentar no discurso empresarial e, em virtude do amadorismo pedagógico antes referido, se sentem seduzidos pelas promessas de medidas milagrosas para tornar efetivo o desenvolvimento administrativo da escola, aderindo à "qualidade total", ao "empreendedorismo" ou a outra moda qualquer que acabe de sair do forno conceitual e ideológico dos gerentes e idealizadores do controle do trabalho alheio.

Uma das aplicações mais questionáveis dos procedimentos da administração mercantil na escola é o controle que se faz do trabalho do professor. Na empresa capitalista, a gestão de pessoal consiste no controle do trabalho alheio. Esse controle heterônomo, exterior ao trabalhador, faz sentido onde o trabalho é forçado, o que, como vimos, não é o caso do trabalho pedagógico. Considerando, então, o caráter imprescindível do compromisso do professor com a subjetividade do educando, é preciso buscar configurações para a coordenação do esforço humano (individual e coletivo) na escola, que favoreçam o trabalho livre do educador. Como superar, por exemplo, as inspeções autoritárias e as odiosas "remunerações por mérito", por meio de motivações intrínsecas ao próprio trabalho que o professor realiza? Ou, como conceber e implementar formas de supervisão de estilo dialógico e cooperativo entre os docentes, mais consentâneas com a própria atividade pedagógica que exercem? Ou, ainda, como considerar as expectativas e a participação dos alunos e das famílias na avaliação do trabalho do professor e da escola como um todo?

Em síntese, o que essas breves reflexões sugerem é que a contraposição à razão mercantil e ao amadorismo pedagógico que se apoderaram das políticas educacionais e da administração escolar se faz urgente e necessária diante do estado em que se encontra o ensino fundamental. Os esforços nesse sentido não podem deixar de aliar o ideal de uma educação como emancipação humana ao reconhecimento do caráter político-democrático da relação pedagógica, da riqueza histórico-cultural dessa relação, da importância da atividade docente e da singularidade do papel do professor como trabalhador.

3.6 A singularidade ausente

Como conclusão e síntese do que discutimos neste capítulo, podemos começar por afirmar que a singularidade do trabalho docente tem sido desconsiderada, o que resulta em tomar a educação como uma atividade qualquer, passível de ser exercida sem o necessário conhecimento e a competência técnica, pois dos próprios professores não se exige (nem se oferecem condições para) um conhecimento razoavelmente profundo de Pedagogia e uma prática didática minimamente competente.

A ignorância pedagógica e a adoção de um conceito de educação que não se eleva acima do senso comum têm feito com que se tome a educação de crianças e jovens como mera comunicação, análoga à que se dá na leitura de um livro ou jornal, ou no ato de assistir a um filme ou ver televisão. Por isso, a escola é vista como mera repassadora de conhecimentos e informações como acontece com as demais agências de comunicação. Entretanto, muito mais do que isso, educar envolve uma relação política entre sujeitos empenhados na construção de personalidades.

O caráter *sui generis* dessa relação é que precisa ser considerado, se queremos que ela se realize de modo pleno. A primeira observação a ser feita é que essa relação constitui um processo de trabalho, ou seja, "uma atividade orientada a um fim" (Marx, 1983, t. 1, p. 150). Como tal, há o trabalhador, ou produtor, e há o objeto de trabalho a ser transformado em produto.

Numa primeira aproximação desta questão, podemos dizer que o trabalhador é o educador, que mantém uma relação com o objeto de trabalho, o educando, aquele cuja personalidade se forma ou se transforma como fim da educação. É aqui que entra a peculiaridade da educação como trabalho. Nos processos de trabalho que se dão usualmente na produção material da sociedade, há uma relação de exterioridade entre produtor e objeto de trabalho: o produtor age sobre o objeto de trabalho que simplesmente "sofre" aquela ação de transformação. No caso do processo pedagógico, todavia, uma relação desse tipo redundaria na negação da educação e a impossibilidade do aprendizado. Aqui, o objeto de trabalho (o educando) é também sujeito, o que inviabiliza a ação unilateral do educador. Este, para ensinar, para propiciar cultura, precisa, antes, obter o consentimento do outro, daquele que aprende. É, pois, uma relação de convivência entre sujeitos, ou seja, uma relação autenticamente política. Mais do que política, é uma relação democrática, pois a ação que se passa resulta na afirmação de ambos como sujeitos.

Percebe-se, assim, que nossa primeira aproximação, tomando apenas o professor como trabalhador, é incompleta. O aluno também trabalha, porque seu empenho em aprender configura-se legítima atividade orientada por um fim, ou *motivo* (Leontiev, 1988, 2004), que é o aprendizado. Eis como se dá a tão celebrada motivação, cantada em prosa e verso nos discursos pedagógicos e sonhada entre lágrimas e risos pelos professores, gestores escolares e pais que insistem em pôr a culpa do mau ensino nos alunos que "não querem aprender". Ignoram (ou se esquecem) esses educadores fracassados que querer aprender é um valor produzido historicamente, e a função por excelência da boa didática é precisamente levar o educando a querer aprender. Motivação para o aprendizado não é algo que se *desperta* no aprendiz. Só se desperta algo que *já existe* (adormecido). A motivação, em vez disso, precisa ser criada se quiser dar-se ao luxo de adormecer de vez em quando. O motivo deve fazer-se motivo *do* aluno, não podendo ficar restrito ao educador.

A natureza, os termos e as implicações dessa peculiaridade da relação pedagógica para a organização dos processos de ensino-aprendizado têm sido objeto de estudos, pesquisas e práticas por parte de importantes teóricos da educação, especialmente no decorrer do último século, os quais têm reiteradamente demonstrado a necessária presença desse elemento dialógico e têm chamado a atenção para suas implicações práticas (cf., por exemplo, Dewey, [1959], 1967; Vigotski, 2001; Vygotsky, 1989; Piaget, 1971, 1977, 1994; Leontiev, 1988, 2004; Freinet, 1996, 1998; Wallon, 1971, 1988, 2007; Freire, 1975, 2003; Pistrak, 1981; Makarenko, 2005; Korczak, 1981, 1997; Bruner, 1973, 2001; Neil, 1976; Teixeira, 1967; Whitehead, 1969; Mondolfo, 1967, entre muitos outros).

Uma dessas implicações é que, por mais que se insista, os conhecimentos e informações não se "transmitem" sozinhos, isolados de outros elementos da cultura. Isto porque, para *querer aprender*, a criança ou o jovem deve pronunciar-se como *sujeito*, deve envolver sua personalidade plena, colocando em jogo os demais elementos culturais componentes dessa personalidade (valores, crenças, emoções, visões de mundo, domínio da vontade, etc.).

Por mais que essa característica da autêntica ação pedagógica tenha sido provada e comprovada cientificamente no decorrer de várias décadas, e por mais que sua consideração seja determinante para a configuração de um processo ensino-aprendizado eficaz, verifica-se que ela ainda não produziu entre nós influência relevante sobre a organização da escola e sobre a composição de currículos e programas. Os sistemas de ensino estruturam suas unidades escolares como agências de difusão de conhecimentos, ignorando quaisquer medidas que se orientem para fazer da escola um centro educativo com o fim de formar personalidades humano-históricas e em que, por isso, quer nos métodos, quer nos conteúdos, a cultura seja contemplada em sua plenitude.

Na situação de ensino, em sala de aula, predomina o professor "explicador" (Rancière, 2004), que, só mesmo nessa função minguada, pode ser substituído por computadores ou por meios de comunicação a distância. Na composição de currículos e programas, o ideal tem sido a produção de respondedores de testes, para passar no vestibular ou para responder às "avaliações" externas, em que só os conhecimentos são contemplados (e, mesmo assim, apenas parcialmente). Mas, como o conhecimento não é passível de ser assimilado isoladamente, dissociado de outros elementos culturais, ao tentar "passar" só conhecimentos, nem isso a escola "passa", consubstanciando seu fracasso, que é o fracasso do padrão de administração utilizado.

4

Diretor escolar: dirigente *sui generis* para um trabalho singular

Do que vimos no capítulo anterior, temos, por um lado, a busca de um objetivo extremamente modesto, que omite das novas gerações seu direito de acesso pleno à cultura; por outro, uma mediação (administração) inadequada à obtenção mesmo desse modesto objetivo. E isso não é recente, pois a maneira de administrar a escola é praticamente centenária no Brasil. Ocorre que, antes, quando a escola pública só atendia a uma pequena elite, sua incompetência era escamoteada, a partir da "seleção" que a escola fazia de sua "clientela", acolhendo em seus bancos escolares apenas os filhos das famílias mais favorecidas economicamente. Essas crianças e jovens já possuíam, em seu meio familiar e social, acesso mais amplo à cultura elaborada historicamente e já iam à escola "querendo aprender", além de portarem em sua formação extraescolar elementos culturais que as ajudavam a aprender mesmo numa escola ocupada apenas em "passar" conhecimentos. Aqueles que, porventura, não exibiam esses predicados eram barrados pela reprovação, forma encontrada para pôr nos alunos a culpa pelo fracasso da escola.[1]

Fenômeno idêntico acontece ainda hoje com as chamadas "boas" escolas privadas, que a imprensa e o senso comum insistem em catalogar como muito mais eficientes que a escola pública, mas cuja "virtude" mais conspícua é aceitar, a partir de critérios econômicos (altos preços cobrados) ou "técnicos" ("vestibulinhos" para o ingresso e indução aos "menos capazes" a mudarem para uma escola mais "fraca"), apenas aquelas crianças e jovens que aprendem *apesar* da forma tradicional de ensinar dessas escolas.

Todavia, a escola pública fundamental de hoje que, por dever constitucional, precisa receber as crianças e jovens de todas as camadas sociais, não pode esconder-se atrás do sucesso de poucos; por isso, o seu fracasso aparece. A tendência generalizada diante desse fracasso, tanto na academia quanto nas instâncias do Estado e da sociedade em geral, é lançar sua responsabilidade sobre os meios e sua utilização. Busca-se, então, a causa do mau ensino ora na escassez ou mau emprego dos recursos (condições inadequadas de trabalho, baixos salários, falta de material didático, etc.) ora na má qualidade do corpo docente (formação deficiente, falta de compromisso profissional, etc.), ora em

---

1. Para se aquilatar a "alta competência" propalada pelos defensores da antiga e "boa" escola tradicional, basta considerar que, mesmo atraindo predominantemente as elites, até início da década de 1960, computando ensino público e privado, cerca de 55% (sic) dos alunos ficavam retidos na passagem da primeira para a segunda série do antigo ensino primário (cf. Brasil, 1974). Para uma discussão a respeito dos efeitos deletérios da reprovação escolar e sobre as razões por que os educadores escolares e a população em geral ainda se apegam tanto a ela, ver os resultados de pesquisa sobre o tema em meu livro *Reprovação escolar*: renúncia à educação (Paro, 2003b).

causas ligadas aos próprios usuários da escola (desinteresse do aluno, violência, falta de empenho dos pais em estimular seus filhos a aprender, etc.).

Em verdade, todos esses fatores estão presentes de alguma forma na realidade escolar brasileira; mas o problema central é que a escola tem-se estruturado a partir de um equívoco em seu objetivo e na forma de buscá-lo, porque adota uma visão estreita de educação. Essa concepção impede que se perceba a *singularidade do trabalho escolar* e a necessidade de uma administração que corresponda a essa singularidade.

Ao se ignorar a especificidade do trabalho pedagógico, toma-se o trabalho escolar como outro qualquer, adotando medidas análogas às que têm sido tomadas em outras unidades produtivas. Em virtude de essas unidades produtivas, no sistema de mercado, se pautarem, em geral, pelo modo de produção e de administração capitalista, esse equívoco leva a administração da escola a orientar-se pelos mesmos princípios e métodos adotados pela empresa capitalista, que tem objetivos antagônicos ao da educação.

No trabalho de campo, os depoentes mostraram compreender em certa medida essa contradição. A diretora Lourdes acha que a escola pode até aprender alguma coisas com a empresa (e a empresa com a escola, o que não se tem considerado nas discussões do tema), mas elas têm objetivos diferentes.

> Me pega é gente metida a economista, ou economista metido a educador, achar que o modelo de gerenciamento da empresa, da gestão empresarial, cabe na escola. Não é que não são âmbitos que não possam conversar, mas essa con-

versa não significa *transpor* a dinâmica da gestão empresarial para a escola. [...] "Bater meta" numa empresa é muito diferente de "bater meta" numa escola.

Em outra ocasião afirma Lourdes:

Me impressiona é que querem cobrar dos professores... chamam a gente de "gerente", e eu não sou mais uma diretora, a equipe não é a equipe pedagógica, é a equipe "gestora". "Gestora" de porra nenhuma! Porque a gente é pau-mandado, de entregar relatório... Eu estava lá entregando relatório de merenda, né, porque eu posso até morrer, daqui a 48 horas numa maca, mas eu não posso não aprovar o relatório de merenda senão as crianças vão ficar sem a merenda do mês... e a responsabilidade é minha. E ninguém dos 78 sujeitos da escola se preocupou de falar: "Ó, vai fazer outra coisa que eu faço o relatório de merenda."

Um dos aspectos mais conspícuos das atuais políticas de recrudescimento da aplicação da lógica empresarial mercantil na escola diz respeito à tentativa de emulação do professor e demais trabalhadores da escola por meio dos chamados bônus, que são oferecidos a partir do desempenho dos alunos nos testes em larga escala.

Na escola pesquisada, Dirce, professora de Informática, se põe contra o bônus com a alegação de que o professor é como um trabalhador qualquer que deve receber seu salário. "Esse bônus vem pra disfarçar um pouco, dar uma migalhinha um pouco... Como se falasse assim: 'Olha, vocês tiveram aí uma missão cármica, de ser professor, então, agora vocês vão receber aí uma esmolinha, aí, anual, e acabou.'"

Já Lourdes refere-se ao descompromisso do professor com relação à educação e diz que é preciso considerar que há muito professor nessa condição. Ao mesmo tempo diz se espantar com a frieza com que determinados professores fazem os cálculos dos bônus. Em seguida, ao falar sobre esse descompromisso e sobre as "estratégias" do Estado para avaliar o professor, Lourdes me pergunta: "Posso falar um palavrão?" Eu respondo que sim e ela diz:

> Eu falo que é uma putaria franciscana: é tudo bonzinho, coitado do pobrezinho, mas é um convite à fraude e à mentira. Por quê? As escolas não querem ganhar pouco, então elas põem que tiveram cem por cento de atingimento de tudo [...] O Estado alimenta uma estatística mentirosa e o povo continua desse tamanho.

Na entrevista com Lourdes foi aventada a questão de uma eventual ouvidoria da escola, para que os pais pudessem acompanhar e controlar melhor as ações no ensino. Lourdes diz que isso há em nível de sistema, mas é nocivo porque as reclamações descem dos órgãos da Secretaria de Educação como se, de princípio, a escola estivesse errada. Em sua escola, a partir dessa ideia, foi instituído um sistema que ela chama de pais (ou mães) de referência. Assim, em cada classe há dois ou três desses pais ou mães que entram em contato com os demais quando necessário e isso ajuda bastante a direção no controle e acompanhamento das atividades. Esses dois ou três pais conversam entre si, trocam ideias e dividem a tarefa de contatar os demais. Esta pode ser uma boa medida em termos de controle da escola pela comunidade. Se os governos recentes se preocupassem mais com a democratização da gestão escolar, abrindo a escola para a comunidade por ela servida, talvez atinassem para uma ação como esta para estimular a responsabilização dos educadores pela educação, abrindo mão de medidas esdrúxulas como as *"accountabilities"*, via testes em ampla escala, os ranqueamentos de escolas, além da vergonhosa e humilhante afixação dos resultados do Ideb nos portões das unidades escolares.

Outra medida que precisa ser repensada é o controle do funcionamento das unidades escolares via supervisores escolares. Essa alternativa que poderia funcionar como uma autêntica avaliação externa, com acompanhamento das atividades, assessoria pedagógica e elemento auxiliar na solução de problemas escolares, tem-se constituído mais numa rotina burocratizante que pouco ou nada acrescenta ao bom desempenho da escola. Lourdes diz que o supervisor escolar é bastante criticado pelo Estado por não "vestir a camisa" dos programas educacionais. Por outro lado, o diretor escolar não tem coragem nenhuma de contrariar o supervisor e faz tudo o que ele quer.

> É um negócio muito esquizofrênico. [...] Tem a Secretaria, a escola e o supervisor aqui no meio. A Secretaria acha que o supervisor atrapalha, não contribui para viabilizar, levar, ser o articulador da política que ela tem implantada. E os diretores se alinham rapidamente com a Secretaria. Então, esse supervisor, ele é um troço aí no meio do caminho, com pouquíssimo respeito pelos diretores, que quase sempre não ajuda em nada, atrapalha. A maior parte dos diretores, eles olham direto para o que a Secretaria está pedindo, obedecem e não arrumam confusão, porque o que eles querem é tudo menos confusão. Então, fica de ótimo tamanho. Eu não consigo entender onde é que a Secretaria conversa com eles.

E, na fala, eles se fazem os progressistas [...]. Mas eles são os mais retrógrados que têm andando por aí. [...] A escola não consegue avançar inclusive na formação de professores, nos projetos...

Assim, o que ressalta da conversa de Lourdes é o caráter meramente burocrático — no pior sentido do termo, como atividade com fim em si mesma — da atuação do supervisor escolar. Acaba-se gastando dinheiro para a manutenção de um profissional que, além de não ajudar em nada, ainda dificulta a boa ação dos diretores. Ficaria pelo menos mais barato, e certamente mais eficiente e mais democrático, se se permitisse que os próprios usuários assumissem parte desse controle do bom funcionamento da escola, por medidas como a implementada por Lourdes na Emef Otávio Marchetti.

Uma questão relacionada com esta que foi mencionada por Lourdes e que mereceria maior atenção, no momento em que se fala sobre a responsabilização dos trabalhadores da escola, é a dificuldade que o diretor tem de punir qualquer desmando ou abuso de professores e funcionários. Diz a diretora que tudo tem que passar pelos trâmites burocráticos e a direção fica impotente: "Todo mundo tem direito à ampla defesa, mas... a amplos estragos não deveria ter." Esta parece mais uma razão para a democratização da escola, de modo que a população tivesse acesso a mecanismos mais populares e "pedagógicos" de controle da ação dos educadores e funcionários. Também aqui poderia ser mais efetiva alguma espécie de "ouvidoria" escolar em que os pais e a comunidade externa à escola tivessem uma participação relevante.

É importante observar que não há necessidade de uma intenção maquiavélica para defender procedimentos "empresariais" que impedem uma produção escolar autenticamente educativa. Basta que não se possua uma concepção crítica de educação e não se perceba a diferença entre formação de sujeitos e produção do lucro a partir do trabalho alheio. José Querino Ribeiro (1964), por exemplo, não via nada de errado na igualação da escola a outras empresas para efeito de sua administração. Diz ele que,

> no concernente aos problemas da racionalização, as empresas apresentam questões substancialmente análogas, não importando a natureza de seus objetivos — o lucro, ou interesse social; nem o conteúdo de suas atividades — produção de bens ou de serviços; nem a peculiaridade de sua natureza — indústria, comércio, agricultura, instrução, ou que outra possa ser. Deste segundo admitido resulta que a escola, visando à prestação do serviço instrução, é uma empresa como outra qualquer, do ponto de vista da problemática daquela racionalização. [...] (p. 16-17)

Ribeiro (1968) pensa assim, não porque não supõe a ideia da educação como formação de seres humanos, mas porque não leva às últimas consequências teóricas a condição de sujeitos dos seres humanos e, por isso, não vê contradições entre a produção do *sujeito* "educando" e a produção do *objeto* "produto material":

> Quando encaramos a escola como *grande empresa* e assemelhamo-la às demais, não lhe negamos as altas e delicadas implicações de instituição destinada à formação das gerações novas, gravemente responsável pela manutenção e revitali-

DIRETOR ESCOLAR 103

zação dos valores, dos padrões, dos comportamentos sociais, como criadora de homens novos para as novas situações da civilização. Nenhum desses aspectos das responsabilidades escolares está em conflito com o da grande empresa. [...] Na administração da *grande empresa escolar* o objetivo direto é o trabalhador, a estrutura, o financiamento, tudo, é claro, a serviço do educando que, sem embargo no caso, coloca-se como objeto indireto. Nesse sentido a empresa escolar é semelhante às demais: à hospitalar, à bancária, à de transporte, e a que outras grandes empresas se possam lembrar. (p. 27-28, grifos no original)

A essa posição de certa forma "ingênua" de José Querino Ribeiro a respeito das semelhanças entre empresa e escola pode-se contrapor a visão de Anísio Teixeira. Diz este:

Jamais, pois, a administração escolar poderá ser equiparada ao administrador de empresa, à figura hoje famosa do *manager* (gerente) ou do *organization-man*, que a industrialização produziu na sua tarefa de maquinofatura de produtos materiais. Embora alguma coisa possa ser aprendida pelo administrador escolar de toda a complexa ciência do administrador de empresa de bens materiais de consumo, o espírito de uma e outra administração são de certo modo até opostos. *Em educação, o alvo supremo é o educando a que tudo mais está subordinado*; na empresa, o alvo supremo é o produto material, a que tudo mais está subordinado. Nesta, a humanização do trabalho é a correção do processo de trabalho, na educação o processo é absolutamente humano e a correção, um certo esforço relativo pela aceitação de condições organizatórias e coletivas inevitáveis. São, assim, as duas administrações polarmente opostas (1968, p. 15, grifos no original)

Observe-se que nem Anísio Teixeira nem José Querino Ribeiro se detêm na peculiaridade da empresa especificamente capitalista, cujo fim é o lucro, que só pode ser conseguido com a exploração do trabalhador, com objetivos, portanto, contrários aos da educação como emancipadora de sujeitos. No entanto, Anísio Teixeira é capaz, pelo menos, de notar a peculiaridade da produção material (cujo "alvo supremo é o produto material") e deduzir que tal peculiaridade a faz oposta à educação (cujo "alvo supremo é o educando, a que tudo o mais está subordinado"). Pode-se apostar que nessa concepção de educando como "alvo supremo" faz-se presente sua condição de sujeito (histórico), oposta, portanto, à condição de simples objeto (coisa), como é o produto material.

A intenção, pois, de aplicar na escola os princípios de produção que funcionam nas empresas em geral não é recente, mas tem-se exacerbado ultimamente, configurando um crescente assalto da lógica da produtividade empresarial capitalista sobre as políticas educacionais e, em especial, sobre a gestão escolar. Assim, apesar de importantes medidas pontuais, levadas a efeito nas últimas décadas com o intuito de democratizar a escola e sua direção (eleição de diretores, conselhos de escola, etc.), a escola básica, em sua estrutura global, continua organizada para formas ultrapassadas de ensino e procura se "modernizar" administrativamente, pautando-se no mundo dos negócios com medidas como a "qualidade total", o "empreendedorismo" ou como a formação de gestores, capitaneada por pessoas e instituições afinadas com os interesses da empresa capitalista e por ideias e soluções transplantadas acriticamente da lógica e da realidade do mercado.

Essa mesma lógica tem predominado na concepção e no provimento do ofício de diretor escolar. No imaginário de uma sociedade onde domina o mando e a submissão, a questão da direção é entendida como o exercício do poder de uns sobre outros. Por isso, se destaca sempre a figura do diretor, do chefe, daquele que enfeixa em suas mãos os instrumentos para "mandar", em nome de quem detém o poder. Nas empresas em que os objetivos a serem persegui-dos não são aqueles que atendem aos interesses dos produtores (como é o caso da empresa capitalista, em que os objetivos a se realizar são os dos proprietários dos meios de produção, sintetizados no lucro), é cômodo destacar diretor ou diretores, que comandam em nome dos proprietários. Os objetivos a serem perseguidos são os do proprietário, não os dos produtores. Então, as ações do diretor, para serem coerentes com os objetivos perseguidos, não precisam estar de acordo com os interesses dos comandados, desde que sejam do interesse do proprietário. Neste caso, o conceito de autoridade restringe-se à obediência dos comandados, independentemente de suas vontades.

Já do ponto de vista democrático a autoridade tem outra significação. Embora se trate de uma relação de poder — visto que há a determinação de comportamento de uma das partes pela outra (vide nota de rodapé 1 do capítulo 2) —, a autoridade democrática supõe a "concordância livre e consciente das partes envolvidas" (Paro, 2010, p. 40). Segundo essa acepção,

> a autoridade é um tipo especial de poder estabilizado deno-minado "poder legítimo", ou seja, aquele em que a adesão dos subordinados se faz como resultado de uma avaliação positiva das ordens e diretrizes a serem obedecidas. Apenas nessa

[...] acepção pode-se dizer que a autoridade se insere numa forma democrática de exercício do poder, na medida em que a obediência ocorre sem prejuízo da condição de sujeito daquele ou daqueles que obedecem. [...] (Paro, 2010, p. 40)

Toda negação dessa condição democrática de autoridade deve ser interpretada como autoritarismo, que é o modelo predominante na prática de nossas escolas. Nestas, o tipo de autoridade que costuma prevalecer é uma em que, quer na coordenação do esforço humano coletivo exercida pelo diretor, quer no processo de produção pedagógico, supõe-se a obediência às ordens, resultante de um poder externo, cujas normas de procedimento foram estabelecidas sem a participação ou a concordância dos que devem obedecer.

Mais uma vez é importante recorrer a Anísio Teixeira para

> sublinhar o caráter e natureza da administração escolar como função que somente pode ser exercida por educadores e que é intrinsecamente de subordinação e não de comando da obra de educação que, efetivamente, se realiza entre o professor e o aluno, os dois fatores realmente determinantes da sua eficiência (Teixeira, 1968, p. 17).

Anísio Teixeira repele a ideia de um administrador escolar que seja mero gerente ao estilo da empresa mercantil. Para ele, "o administrador escolar não é um capitão mas um mediador-inovador, [...] a tentar coordenar e melhorar um trabalho de equipe de peritos de certo modo mais responsáveis do que ele próprio pelo produto final da escola ou do ensino" (p. 17). Completa, afirmando: "Se alguma vez

DIRETOR ESCOLAR

a função de direção faz-se uma função de serviço e não de mando, esse é o caso do administrador escolar." (p. 17). Em direção análoga aponta José Augusto Dias, ao afirmar que, "naturalmente, o clima democrático não deve envolver apenas o trabalho docente, mas caracterizar todas as relações humanas na escola. Se o que queremos é educar para a democracia, não se pode pretender alcançar este objetivo através de processos autoritários." (Dias, 1967, p. 96).

Como vimos, a educação formadora de personalidades humano-históricas requer uma relação democrática, aquela em que tem vigência a autoridade democrática. Por isso é tão difícil educar em sociedades (como a capitalista) que não tenham como seu pressuposto básico a democracia em seu caráter radical. É que o método educativo por excelência é contraditório a essas sociedades. Se a educação se realiza de fato, realiza-se em alguma medida a democracia, ou seja, a constituição de sujeitos.

Talvez por isso a escola tradicional resista tanto aos métodos pedagógicos mais avançados, com base científica, e encontre tanta dificuldade em aplicá-los. Conforme foi sugerido, as descobertas das ciências (especialmente a Psicologia e a Psicologia da Educação) têm permitido compreender cada vez melhor no decorrer da história o modo como a criança pensa e aprende, e perceber cada vez mais nitidamente como seu processo de desenvolvimento biopsíquico depende de sua condição de sujeito, de autor. Os métodos daí decorrentes, desde a Escola Nova (e mesmo antes), exigem relações de colaboração entre quem ensina e quem aprende. Mas esses métodos conflitam com a forma cotidiana de ser de uma sociedade calcada no mando e na submissão. Por isso, professores e educadores escolares de modo geral, acostumados a agir numa relação de verticalidade (em que alguém dá e alguém recebe passivamente), sentem dificuldade com os métodos não impositivos. Quando não é apenas isso, é a própria escola que é estruturada para esse modo impositivo de agir.

É preciso estar atento a essa conduta que usualmente compõe a personalidade das pessoas formadas sob uma sociedade autoritária, e que consiste em tratar o outro, o diferente, como inferior. E o diferente assume inúmeras condições: da mulher diante do homem, do negro diante do branco, do homossexual diante do heterossexual, do empregado diante do patrão (ou preposto do patrão), do pobre diante do rico, do deficiente físico diante do "normal", do imigrante diante do "nativo", do analfabeto (ou desescolarizado) diante do erudito, do rural diante do urbano, e assim por diante.

A sociedade vem superando, historicamente, muitos dos preconceitos e vencendo muito do autoritarismo envolvido nessas relações. Deixando de considerar aqueles países onde ainda vigem regimes autoritários, boa parte deles amparados no poder religioso, parece que no chamado mundo ocidental, de modo geral, e no Brasil, em especial, foi bastante considerável o efetivo avanço em termos de direitos que tivemos a esse respeito nas últimas décadas, embora ainda haja muito a ser caminhado. Na escola, cruzam-se algumas dessas dicotomizações autoritárias. Mas existe uma dominante, da qual a sociedade parece tomar ainda menos conhecimento do que as outras: trata-se da relação da criança diante do adulto (Korczak, 1981, 1997), que assume, na maioria dos casos, a do aluno diante do professor: de "quem não sabe" diante de "quem sabe".

Todas essas considerações chamam a atenção para a maneira como é concebida a direção da unidade escolar. Se, como vimos, a direção está imbuída de uma política e de uma filosofia de educação, sintetizam-se nela, e, por decorrência, na função do dirigente escolar, os próprios objetivos que cumpre à escola alcançar. Fica evidente, portanto, a relevância de se refletir a respeito da prática do diretor da escola de ensino fundamental. Por isso, devem estar em pauta duas dimensões que se interpenetram: de um lado, a explicitação e a crítica do atual papel do diretor, e de como a direção escolar é exercida; de outro, a reflexão a respeito de formas alternativas de direção escolar que levem em conta a especificidade político-pedagógica da escola e os interesses de seus usuários.

Essas dimensões fundamentam-se em razões técnicas e políticas, embora seja muito difícil distinguir umas das outras — visto que as razões técnicas estão impregnadas de conotações políticas, e as razões políticas não podem ser dissociadas de suas implicações técnicas. Assim, é por motivos políticos (convivência entre sujeitos com interesses diversos) que desejamos um diretor cuja ação esteja articulada ao bom desenvolvimento de um ensino fundamental comprometido com a construção de personalidades humano-históricas e que seja a base da formação do cidadão; mas são as razões técnico-administrativas (adequação entre meios e fins) que nos convencem da necessidade do caráter dialógico-democrático (convivência entre sujeitos que se afirmam como tais) das relações que se dão no processo pedagógico, o qual determina e é determinado pela ação do diretor.

A explicitação e a crítica das atuais funções do diretor devem ter presente a contradição que consiste em se ter um diretor cuja formação, atribuições e atuação prática foram concebidas para um papel de simples gerente, sem nenhuma explicitação nem reflexão a respeito de sua característica de agente político, diante do ofício de administrar uma instituição cujo fim é prover educação, a qual é por excelência uma ação democrática. Em termos críticos, essa instituição exige, para realização de seu objetivo, uma mediação administrativa *sui generis*, tanto em termos de racionalização do trabalho quanto em relação à coordenação do esforço humano coletivo.

Essa questão foi apresentada aos depoentes no trabalho de campo. Lourdes, a diretora da escola pesquisada, acha que o diretor tem de ser educador, mas não necessariamente vir dos quadros da própria escola que irá dirigir. Acha que tem que ter certo conhecimento (habilidade, competência) sobre administração que os cursos de Licenciatura e Pedagogia não oferecem. Certamente toma como base seu caso pessoal, em que trabalhou durante doze anos em cargo administrativo em empresa, mas se esquece que tem outras habilidades, valores, etc. especiais que independem de sua "formação" na empresa e que, muito provavelmente, a levam a ser uma diretora de sucesso. Tudo indica que em sua ação administrativa na escola se fazem sempre presentes sua formação como educadora e sua personalidade democrática no tratamento das questões escolares. De qualquer forma, mesmo dizendo valorizar certos conhecimentos de administração para a ação diretiva escolar, ela recusa os modismos da empresa que se pretende aplicar na escola (qualidade total, empreendedorismo, etc.).

Lourdes acha que a formação atual do administrador escolar (curso superior de Pedagogia) é muito fraca: falta conteúdo (Sociologia, Filosofia, Política, etc.). Critica a parte de estágios, que considera muito precária. Diz que, quando atende um estagiário, ela exige muita atividade, conhecimento da secretaria da escola, da rotina do diretor, do processo de realização do projeto político-pedagógico, leva-o a verificar como a criança é atendida, permite que ele a acompanhe em suas idas ao Conselho Municipal de Educação, à Diretoria de Ensino, etc.

Esse cuidado com os estágios expressa uma crença muito forte de Lourdes na importância daquilo a que ela se refere como vivência escolar na formação do professor e do diretor. Não há dúvida de que a vivência é necessária como preparação tanto para a docência quanto para a direção. No entanto, embora esse não seja o caso da diretora da Emef Prof. Otávio Marchetti, parece haver certo exagero em discursos que põem toda esperança e expectativa em estágios probatórios ou em vivências da escola como solução para a incompetência do professor. É preciso não esquecer que, embora formado nos cursos de Pedagogia e Licenciatura, com o aprendizado (verbalista) sobre Filosofia da Educação, Didática, Psicologia da Educação, Legislação do Ensino, etc., o professor típico da escola fundamental, conforme já sugeri em outro estudo (Paro, 2003b), tem o componente mais forte da formação de sua personalidade adquirido em bancos escolares similares aos que vai "vivenciar" em sua prática no ensino básico.

Assim, parece não haver estágio ou vivência prévia que possam superar (por si) esses valores e condutas negativos que lhe foram impingidos pela educação dita "tradicional" e que continuam presentes nas escolas de hoje, onde seriam realizadas essas vivências prévias. Foi em sua vida escolar que o professor, quando criança, aprendeu a aceitar passivamente a culpa (como aluno) pela incompetência do ensino, culpa que ele hoje aceita tacitamente, quando o Estado, a mídia, o senso comum, imputam à incompetência do professor a responsabilidade única pela má qualidade do ensino. Foi também em sua vida escolar que o professor, quando criança, aprendeu a aceitar sua reprovação como justa por sua alegada incompetência ou má vontade em aprender, da mesma forma que hoje a prática escolar tradicional e o amadorismo pedagógico que orientam o ensino básico lhe apresentam a reprovação como um recurso didático. Foi, enfim, em sua vida escolar que o professor, quando criança, aprendeu a ser tratado como um ser com direitos restritos diante do adulto que lhe impinge a responsabilidade por aprender, sem lhe oferecer um ensino fundamentado na ciência, amparado na técnica e legitimado na afirmação do educando como sujeito.

Em vista disso, parece que as medidas visando à melhoria no desempenho técnico-pedagógico nas escolas não podem ser reduzidas a simples exigências de estágios probatórios ou a vivências durante a formação regular universitária do educador. O comprometimento com um modo de ensinar que supere os atuais procedimentos ultrapassados de ensino exige medidas amplas e consistentes que envolvam a própria rotina escolar dos docentes e demais educadores escolares, com estudos em grupo, discussões em grupos da prática escolar de cada um e oferecimento de tempo, orientação constante, bem como condições de trabalho que viabilizem a concretização de tais práticas.

Aspecto de grande relevância nesse assunto é a necessidade de se levar em conta a melhoria do desempenho de

DIRETOR ESCOLAR

todo o trabalho coletivo na escola e, no caso específico do diretor, não desvincular artificialmente a dimensão dita administrativa (que os cursos de formação de gestores costumam identificar com a familiaridade com técnicas e métodos empresariais que desconhecem a realidade do diretor escolar) e a dimensão político-pedagógica. Carlos, professor das séries iniciais da Emef pesquisada, acha que o diretor, mais do que conhecimentos de administração, precisa ter princípios humanistas. "Ele precisa gostar de crianças." O diretor deve ser um educador. "Essa interferência, esse desconhecimento de causa do que é pedagógico, para mim, aniquila qualquer administrador, dentro da política educacional." Por isso, a chamada formação "continuada" dos gestores não se deve bastar em palestras ou cursos oferecidos aos diretores, fora de seu contexto e sua prática escolar cotidiana, como costuma ser feito hoje em dia. A crítica que se ouve dos dirigentes escolares que frequentam ou frequentaram tais cursos é que estes servem quase tão somente para atribuir "pontos" na carreira escolar, porque tal formação fica distante dos problemas que os diretores enfrentam em seu dia a dia.

Lourdes, a diretora da escola pesquisada, relata o seguinte caso sobre as mães de referência que, como vimos, são mães (ou pais) escolhidos para auxiliarem na discussão e encaminhamentos de questões da escola e da comunidade escolar:

> Em uma das classes, as duas mães que imediatamente se candidataram... [isso é feito na primeira reunião do ano]. E, assim, a gente percebeu que, [...] em determinadas séries, as finais, as sétimas e as oitavas, as mães inscritas em algumas classes eram as mães que dominam o tráfico de drogas

no entorno, eu falei: "bom, vamos ver no que isso dá, né; elas têm direito, elas são cidadãs, mães de alunos; a atividade remunerada delas é ilegal; se não rolar aqui dentro da escola... Mas vamos ver onde isso vai dar; porque de repente a gente até ganha uma parceira." Uma delas até é parceira: então, se eu precisar fazer uma atividade à noite aqui, e eu já estou pressentindo, sabendo que vai ter problema, que não sei quem já avisou que vai invadir, é só ligar para ela e falar "Olha..." Hoje eu já faço o contrário, eu já aviso ela, falo: "Olha, avisa aí, dá um jeito aí porque nós vamos ter uma atividade, nós vamos acantonar aqui, nós vamos dormir com as crianças, e eu preciso de sossego, não quero ninguém dentro da escola." Ela resolve. É uma parceria estranha, mas...

Esse tipo de problema e muitas outras situações inusitadas que o diretor encontra em sua vida escolar parecem não estar normalmente previstos nos cursos de gestão educacional em voga, muito preocupados em dotar o "gestor" escolar dos conhecimentos e habilidades importados da gestão empresarial capitalista. É de se perguntar se, desvinculados da vida e da especificidade da escola como costumam ser, algum dia chegarão a incluir em seus currículos esses conteúdos, com uma solução "empreendedora" para cada caso. Segundo Lourdes, o diretor, para fazer a escola funcionar, tem de procurar formas de driblar as normas e rotinas do sistema, o que contrasta com o esforço desses tais programas em sua preocupação em preparar o gestor precisamente para cumprir essas normas e rotinas.

Como vimos, o processo de trabalho pedagógico, por ser uma relação entre sujeitos que se afirmam como tais, é uma relação necessariamente democrática e assim deve ser tratada em sua concepção e execução. Em igual medida, a coordenação do esforço humano coletivo não admite formas que não sejam de afirmação da subjetividade dos envolvidos, portanto, também democráticas. Isso toca na outra dimensão de particular importância, que é a da reflexão a respeito de formas alternativas de direção escolar, a qual, ao levar em conta a singularidade da escola, não pode deixar de contemplar os interesses de seus usuários.

No que concerne à figura do diretor, trata-se de se questionar a atual situação em que este acaba se constituindo mero preposto do Estado na escola, cuidando para o cumprimento da lei e da ordem ou da vontade do governo no poder (Paro, 2001a, 2003a, 2012b, 2016a, 2016b).

Pela peculiaridade democrática e pública de sua função, o dirigente escolar precisa ser democrático no sentido pleno desse conceito, ou seja, sua legitimidade advém essencialmente da vontade livre e do consentimento daqueles que se submetem a sua direção. Nesse sentido, há que se pensar em formas de escolhas democráticas que superem o anacrônico processo burocrático de provimento por concurso bem como a clientelística nomeação político-partidária, os quais costumam, ambos, impingir aos trabalhadores e usuários da escola uma figura estranha a sua unidade escolar e a seus interesses mais legítimos.

A esse respeito, já existem vários estudos e pesquisas que demonstram a importância da participação do pessoal da escola, alunos e pais na escolha democrática do diretor (vide, por exemplo, Dourado, 1990; Castro; Werle, 1991; Paro, 2003a; Corrêa, 2006; Calaça, 1993; Oliveira, 1996). Um diretor cuja lotação e permanência no cargo dependa, não apenas do Estado, mas precipuamente da vontade de seus liderados, tenderá com muito maior probabilidade a se comprometer com os interesses destes e a ganhar maior legitimidade nas reivindicações junto ao Estado porque estará representando a vontade dos que o legitimam e não exercendo o papel de mero "funcionário burocrático" ou de apadrinhado político.

A questão da escolha do diretor ou diretora de escola foi introduzida no trabalho de campo procurando verificar a opinião dos depoentes nas entrevistas. Tanto Dirce, professora de Informática, quanto Carlos, professor das séries iniciais, são favoráveis à eleição de diretores. Este último diz que hoje o sistema de concurso é muito homogêneo, como se todas as escolas fossem iguais.

Lourdes começa dizendo que concorda com as eleições como critério de escolha: "Por princípio eu acho que as comunidades deveriam escolher os diretores." Diz que isso a deixa "até numa situação desconfortável" porque ela é uma diretora efetiva concursada, mas esse é seu entendimento. Em seguida, acrescenta: "*Mientras tanto*, com a cultura que a gente tem, a tradição que a gente tem instalada, isso me causa preocupação." Diz que fica feliz em ver que há sistemas com eleição de diretores. Mas ela se preocupa com "a tirania que se põe, ou a manipulação que se faz sobre quem você elege, ou a pessoa que se elege, sustentado por promessas e tudo mais." Diz que sabe de casos em que o eleito sofria ameaças de seus subordinados, instando-o a atender seus interesses senão o tirariam da direção. Parece que Lourdes tem incutidos princípios de democracia que a levam a defender (em tese) veementemente a eleição, mas o que a impede de repudiar o concurso são os mesmos clichês das pessoas mais conservadoras e que já foram analisados em outros trabalhos (Paro, 2003a, 2011).

Os principais clichês são: 1) o concurso é mais democrático, porque é público; 2) não basta eleger, é preciso aferir um conhecimento específico; 3) só o concurso dá condições de examinar a capacidade técnica; 4) por que não eleger também o professor? 5) as eleições geram conflitos de interesses e partidarizam a escolha.

Procurei dialogar com Lourdes, argumentando que: 1) o concurso é um processo democrático apenas aparentemente, porque o diretor tem o direito de concorrer ao cargo e escolher a escola onde vai trabalhar, mas a comunidade escolar tem de aceitar esse diretor sem conhecê-lo e sem um processo democrático de escolha; 2) o conhecimento específico que mais importa ao diretor — além de sua qualificação como professor aferida (esta sim) em concurso público — é aprendido na própria prática diretiva na escola (como ela mesma o reconhece); 3) não é verdade que o processo de escolha possa se resumir numa qualidade técnica (muito precariamente aferida pelo concurso), pois o diretor exerce uma ação política, como representante do Estado diante de seus dirigidos, Estado esse que (não importa o partido no poder) exerce uma pressão muito maior do que os grupos que porventura influenciariam o diretor eleito; 4) não há razão para se reivindicar a eleição de professores, a pretexto da defesa da eleição de diretores, porque as funções são diferentes: a função de professor, embora não deixe de conter o componente político (derivado da própria natureza da educação), é de constituição predominantemente técnica, por isso recomenda a escolha por concurso, como está na Constituição, enquanto o diretor, além do técnico (que já foi aferido em seu concurso para professor), tem uma função essencialmente política, e para isso ainda não se inventou nada mais adequado do que a sua escolha livre pelas pessoas que ele vai dirigir, e das quais necessita apoio e legitimidade; 5) o perigo (e as histórias) de conflitos e influências políticas nas eleições não pode servir de argumento contra estas, primeiro, porque confunde eleição de diretores com eleição entre partidos políticos, o que não precisa e não deve ser, e, segundo, porque expressa uma concepção equivocada de eleição, como uma solução para todos os problemas, e não um processo que envolve riscos mas que é a forma civilizada de se exercer o poder entre sujeitos.

Enfim, o diálogo com a diretora sobre esse tema foi bastante proveitoso e serviu para esclarecer (para ambos) como sua discussão na escola e na academia ainda carece de maior rigor e aprofundamento teórico, pois continua impregnada de chavões (da direita e da esquerda) que impedem a reflexão isenta sobre a democratização da gestão escolar. Contribuiu para a riqueza do diálogo o fato de Lourdes ser uma profissional competente, que segue uma concepção progressista de educação e exercita uma prática educativa comprometida com o bom ensino. Além disso, sua vivência política no Partido dos Trabalhadores, tendo participado, inclusive, da equipe do professor Paulo Freire quando este foi secretário da Educação do município de São Paulo, não poderia deixar de fazê-la sensível à valorização da eleição. Assim, acabou concordando com os argumentos que apresentei em favor da escolha do diretor por meio de processo eletivo. Afinal, como declara o historiador Simon Schama (2011, p. 394), "as eleições, em qualquer lugar do mundo, trazem em si uma espécie própria de elixir político, inebriante. O ato de votar dá esperança de representação e confere aos eleitos uma autoridade legítima."

Finalmente, no que concerne a novas alternativas de administração da escola básica, é preciso contemplar maneiras de conceber a direção escolar que transcendam a forma usual de concentrá-la nas mãos de apenas um indivíduo que se constitui o chefe geral de todos. Não que a hierarquia seja nociva em si, pois aquele que se coloca no escalão hierárquico superior pode muito bem estar investido de um tipo de autoridade democrática a que me referi anteriormente, aquela que supõe a concordância livre e consciente dos que obedecem às ordens, que têm sua subjetividade preservada e mesmo afirmada na relação.

Ocorre que, por motivos técnicos e políticos como sugerido em alguns estudos (Paro, 1995, 2001b, 2011) e confirmado pela aplicação na prática, como o caso do sistema municipal de ensino de Aracaju (Aracaju, [2003], 2006), parece vantajoso a direção ser exercida por um colegiado diretivo, formado por três ou quatro coordenadores, que dividem entre si os encargos da direção, sem que nenhum seja o chefe absoluto do colegiado ou da unidade de ensino.

Tal sistema tem, por um lado, a vantagem política de manter a direção da escola menos sujeita a represálias dos escalões superiores quando há conflito de interesses entre a escola e as determinações do Estado, e em que a direção apresenta suas reivindicações. É mais fácil pressionar um indivíduo (o diretor) com processos e outros instrumentos burocráticos do que atingir uma entidade coletiva, formada por coordenadores que representam a vontade dos integrantes da escola que os elegeram e os apoiam. Por outro lado, o sistema tem também uma razão de ordem mais nitidamente técnica, porque está mais de acordo com o tipo de trabalho que é realizado na escola.

> Se os educadores escolares são, por característica do próprio ofício, promotores do diálogo que viabiliza a educação, parece justo e razoável que a eles caiba um papel determinante na coordenação do trabalho na escola. Por isso, parece procedente, quando se questiona a atual estrutura da escola, indagar se não seria proveitoso, sem prejuízo do atual conselho de escola, propor um conselho diretivo composto por educadores escolares, que seriam, não chefes, mas coordenadores das atividades da escola. (Paro, 2011, p. 62)

Em síntese, diante da atual configuração administrativa e didática da escola básica, que se mantém presa a paradigmas arcaicos, tanto em termos técnico-científicos quanto em termos sociais e políticos, é preciso propor e levar avante uma verdadeira reformulação do atual padrão de escola, que esteja de acordo com uma concepção de mundo e de educação comprometida com a democracia e a formação integral do ser humano-histórico, e que se fundamente nos avanços da Pedagogia e das ciências e disciplinas que lhe dão subsídios.

Assim sendo, qualquer que seja o caminho que venham a tomar as políticas públicas dirigidas à superação da atual escola básica, há que se ter como horizonte uma administração e uma direção escolar que levem em conta a educação em sua radicalidade, contemplando sua *singularidade* como processo pedagógico e sua *dimensão democrática* como práxis social e política.

Referências

ALMEIDA JÚNIOR, Antônio F. de. (Org.). *Anuário do ensino do estado de São Paulo*. São Paulo: Tipografia Siqueira, 1935-1936.

ALONSO, Myrtes. *O papel do diretor na administração escolar*. 2. ed. Rio de Janeiro: Difel, 1978. [1. ed. em 1976.]

ARACAJU. Lei n. 3.075, de 30 de dezembro de 2002. Dispõe sobre a gestão democrática da rede de ensino do município de Aracaju. In: SINDIPEMA. *Democratização das escolas da rede de ensino do município de Aracaju*: Leis ns. 3.074 e 3.075, de dezembro de 2002. Aracaju: Sindipema, [2003]. p. 15-26.

_____. Secretaria Municipal de Educação. *Escola aberta Semed*: vamos todos construí-la. Aracaju: Semed, 2006.

BECKER, Gary S. Investment in human capital: a theoretical analysis. In: UNESCO. *Readings in the economic on education*. Paris: Unesco, 1968. p. 505-523.

BERGER, Peter L.; LUCKMANN, Thomas. *A construção social da realidade*. Petrópolis: Vozes, 1973.

BLAUG, Mark. *Introdução à economia da educação*. Porto Alegre: Globo, 1975.

BRASIL. Ministério da Educação e Cultura. *Estatísticas da educação nacional*: 1971-1973. Rio de Janeiro: MEC/Serviço de Estatística da Educação e Cultura, 1974. v. 2.

BRASIL. Lei n. 9.394, de 20 de dezembro de 1996. Estabelece as diretrizes e bases da educação nacional. In: BRZEZINSKI, Iria (Org.). *LDB dez anos depois*: reinterpretação sob diversos olhares. São Paulo: Cortez, 2008. p. 265-309.

BRAVERMAN, Harry. *Trabalho e capital monopolista*. 2. ed. Rio de Janeiro: Zahar, 1980.

BRUNER, Jerome Seymor. *O processo da educação*. 3. ed. São Paulo: Ed. Nacional, 1973.

_____. *A cultura da educação*. Porto Alegre: Artmed, 2001.

CALAÇA, Celina Ferreira. *Eleição de diretor de escola e gestão democrática*: um estudo de caso. São Paulo. 1993. 232 f. Dissertação (Mestrado em Educação) — Pontifícia Universidade Católica.

CASTRO, Marta Luz Sisson de; WERLE, Flávia Obino Corrêa. Eleições de diretores: reflexões e questionamento de uma experiência. *Estudos em Avaliação Educacional*, São Paulo, Fundação Carlos Chagas, n. 3, p. 103-112, jan./jun. 1991.

CORRÊA, Bianca Cristina. *Democratização da gestão escolar na educação infantil*: um caso e seus múltiplos significados. São Paulo. 2006. 242 f. Tese (Doutorado em Educação) — Faculdade de Educação, Universidade de São Paulo.

COUTINHO, Carlos Nelson. *A democracia como valor universal*. São Paulo: Ciências Humanas, 1980.

DAMATTA, Roberto. *A casa & a rua*: espaço, cidadania, mulher e morte no Brasil. 4. ed. rev. ampl. Rio de Janeiro: Guanabara Koogan, 1991.

DEWEY, John. *Democracia e educação*: introdução à filosofia da educação. 3. ed. São Paulo: Ed. Nacional, [1959].

_____. *Vida e educação*. 6. ed. São Paulo: Melhoramentos, 1967.

DIAS, José Augusto. *O magistério secundário e a função de diretor.* São Paulo, 1967. 167 f. Tese (Doutorado em Educação) — Faculdade de Filosofia, Ciências e Letras, Universidade de São Paulo.

DOURADO, Luís Fernandes. *Democratização da escola:* eleições de diretores, um caminho? Goiânia, 1990. Dissertação (Mestrado em Educação) — Faculdade de Educação, Universidade Federal de Goiás.

EZPELETA, Justa; ROCKWELL, Elsie. *Pesquisa participante.* São Paulo: Cortez, 1986.

FÉLIX, Maria de Fátima Costa. *Administração escolar:* um problema educativo ou empresarial? São Paulo: Cortez, 1984.

FERREIRA, Aurélio Buarque de Holanda. *Novo dicionário eletrônico Aurélio.* 5. ed. Curitiba: Positivo Informática, 2010. 1 DVD, versão 7.0.

FREINET, Célestin. *Pedagogia do bom senso.* São Paulo: Martins Fontes, 1996.

_____. *A educação do trabalho.* São Paulo: Martins Fontes, 1998.

FREIRE, Paulo. *Pedagogia do oprimido.* 2. ed. Rio de Janeiro: Paz e Terra, 1975.

_____. *Educação como prática da liberdade.* 27. ed. Rio de Janeiro: Paz e Terra, 2003.

HOLLOWAY, John. *Mudar o mundo sem tomar o poder:* o significado da revolução hoje. São Paulo: Viramundo, 2003.

KORCZAK, Janusz. *Quando eu voltar a ser criança.* São Paulo: Summus, 1981.

_____. *Como amar uma criança.* 4. ed. Rio de Janeiro: Paz e Terra, 1997.

LEÃO, A. Carneiro. *Introdução à administração escolar:* para as escolas de professores dos institutos de educação, universidades e faculdades de filosofia, ciências e letras. 3. ed. São Paulo: Ed. Nacional, 1953. [1. ed. em 1939.]

LEONTIEV, A. N. Uma contribuição à teoria do desenvolvimento da psique infantil. In: VYGOTSKY, L. S. et. al. *Linguagem, desenvolvimento e aprendizagem*. São Paulo: Ícone, 1988.

_____. *O desenvolvimento do psiquismo*. 2. ed. São Paulo: Centauro, 2004.

LOPES, Natalina Francisca Mezzari. *A função do diretor do ensino fundamental e médio*. Campinas, 2002. 129 p. Dissertação (Mestrado em Educação) — Faculdade de Educação, Universidade Estadual de Campinas. Disponível em: < http://www.bibliotecadigital. unicamp.br/document/?code = vtls000287607&fd = y > Acesso em: 18 out. 2014.

LOPES, Ruth Gonçalves de Faria. Gestão de currículo: um projeto político-pedagógico em construção. In: ALMEIDA, Maria Zeneide C. M. de. et al. *Gestão da educação*: algumas experiências do Centro-Oeste. Brasília: Anpae: Inep, [1995]. p. 29-56.

LOURENÇO FILHO, M. B. *Organização e administração escolar*: curso básico. 6. ed. atualiz. São Paulo: Melhoramentos, 1972. [1. ed. em 1963.]

MAKARENKO, Anton. *Poema pedagógico*. São Paulo: Ed. 34, 2005.

MARX, Karl. *Contribuição à crítica da economia política*. São Paulo: Martins Fontes, 1977.

_____. *O capital*: Livro I, capítulo VI (inédito). São Paulo: Ciências Humanas, 1978.

_____. *O capital:* crítica da economia política. São Paulo: Abril Cultural, 1983. v. 1, t. 1 e 2. [1. ed. em alemão em 1867.]

MENESES, João Gualberto de Carvalho. *Direção de grupos escolares*: análise de atividades de diretores. São Paulo CRPE Prof.

Queiroz Filho: 1972. (Série Estudos de Documentos, v. 9, dez. 1972.)

MONDOLFO, Rodolfo. Problemas de cultura e educação. São Paulo: Mestre Jou, 1967. [1. ed. em espanhol em 1957.]

NEIL, Alexander Sutherland. *Liberdade sem medo*: Summerhill: radical transformação na teoria e nas prática da educação. 16. ed. São Paulo: Ibrasa, 1976.

OLIVEIRA, Ana Angélica Rodrigues de. *Eleição para diretores e a gestão democrática da escola pública*. São Paulo: Alfa-Ômega, 1996.

ORTEGA Y GASSET, José. *Meditação da técnica*. Rio de Janeiro: Livro Ibero-Americano, 1963.

PARO, Vitor Henrique. Gestão da escola pública: alguns fundamentos. [Proposta para o 14º Congresso Estadual de Educação.] In: CONGRESSO ESTADUAL DE EDUCAÇÃO, 14., 1995, São Paulo. *Subsídios para os encontros regionais*. São Paulo: Apeoesp, 1995. p. 4-5.

_____. *Qualidade do ensino*: a contribuição dos pais. São Paulo: Xamã, 2000.

_____. *Escritos sobre educação*. São Paulo: Xamã, 2001a.

_____. O conselho de escola na democratização da gestão escolar. In: _____. *Escritos sobre educação*. São Paulo: Xamã, 2001b. p. 79-89.

_____. *Eleição de diretores*: a escola pública experimenta a democracia. 2. ed. rev. São Paulo, Xamã, 2003a. [1. ed. em 1996.]

_____. *Reprovação escolar*: renúncia à educação. 2. ed. São Paulo: Xamã, 2003b.

_____. *Educação como exercício do poder*: crítica ao senso comum em educação. 2. ed. São Paulo: Cortez, 2010.

_____. *Crítica da estrutura da escola*. São Paulo: Cortez, 2011.

PARO, Vitor Henrique. A qualidade da escola pública: a importância da gestão escolar. In: VIANA, Fabiana da Silva et al. (Org.). *A qualidade da escola pública no Brasil.* Belo Horizonte: Mazza, 2012a. p. 57-73.

_____. *Administração escolar*: introdução crítica. 17. ed. rev. e ampl. São Paulo: Cortez, 2012b. [1. ed. em 1986.]

_____. Interferências privadas na escola básica: sequestro do público e degradação do pedagógico. In: TOMMASIELLO, Maria Guiomar Carneiro et al. *Didática e práticas de ensino na realidade escolar contemporânea*: constatações, análises e proposições. Araraquara: Junqueira & Marin, 2012c. p. 85-95.

_____. O trabalho do diretor escolar diante do caráter político e pedagógico da escola. In: LUCENA, Carlos; SILVA JÚNIOR, João dos Reis. (Org.). *Trabalho e educação no século XXI*: experiências internacionais. São Paulo: Xamã, 2012d. p. 19-45.

_____. O professor como trabalhador: implicações para a política educacional e para a gestão escolar. In: ALMEIDA, Luana Costa et. al. (Org.). *IV Seminário de Educação Brasileira*: PNE em foco: políticas de responsabilização, regime de colaboração e Sistema Nacional de Educação. Campinas: Cedes, 2013. v. 1, p. 957-971. Livro eletrônico.

_____. *As dimensões da prática administrativa do diretor escolar do ensino fundamental diante do caráter político-pedagógico da escola.* São Paulo: Feusp, 2014. Relatório de Pesquisa.

_____. *Gestão democrática da escola pública.* 4. ed. rev. e atual. São Paulo: Cortez, 2016a. [1. ed. em 1997.]

_____. *Por dentro da escola pública.* 4. ed. rev. São Paulo: Cortez, 2016b. [1. ed. em 1995.]

PIAGET, Jean. *Seis estudos de psicologia.* Rio de Janeiro: Forense, 1971.

PIAGET, Jean. *Psicologia da inteligência*. Rio de Janeiro: Zahar, 1977.

_____. *O juízo moral na criança*. São Paulo: Summus, 1994.

PISTRAK. *Fundamentos da escola do trabalho*. São Paulo: Civilização Brasileira, 1981.

RANCIÈRE, Jacques. *O mestre ignorante*: cinco lições sobre a emancipação intelectual. 2. ed. Belo Horizonte: Autêntica, 2004.

RAVITCH, Diane. *Vida e morte do grande sistema escolar americano*: como os testes padronizados e o modelo de mercado ameaçam a educação. Porto Alegre: Sulina, 2011.

RIBEIRO, José Querino. *Fayolismo na administração das escolas públicas*. São Paulo: Linotechnica, 1938.

_____. *Ensaio de uma teoria da administração escolar*. São Paulo: Faculdade de Filosofia, Ciências e Letras, USP, 1952. 171 p. (Administração Escolar e Educação Comparada, *Boletim*, n. 158.)

_____. Liderança, administração e ensino. *Pesquisa e Planejamento*, São Paulo, n. 8, p. 7-22, dez. 1964.

_____. Introdução à administração escolar. In: TEIXEIRA, Anísio Spínola et al. *Administração escolar*. Salvador: Anpae, 1968, p. 17-40.

ROCKWELL, Elsie; MERCADO, Ruth. *La escuela, lugar de trabajo docente*. Mexico: Departamento de Investigaciones Educativas, 1986.

SCHAMA, Simon. *Travessias difíceis*: Grã-Bretanha, os escravos e a Revolução Americana. São Paulo: Companhia das Letras, 2001.

SCHULTZ, Theodore W. Investment in human capital. *The American Economic Review*, v. 51, n. 1, p. 1-17, mar. 1961a.

_____. *O valor econômico da educação*. Rio de Janeiro: Zahar, 1961b.

_____. *O capital humano*: investimento em educação e pesquisa. Rio de Janeiro: Zahar, 1973.

SOUZA, Ângelo Ricardo de. *Perfil da gestão escolar no Brasil*. São Paulo, 2006. 302 p. Tese. (Doutorado em Educação) — Pontifícia Universidade Católica de São Paulo.

STOPPINO, Mario. Poder. In: BOBBIO, Norberto; MATTEUCCI, Nicola; PASQUINO, Gianfranco. *Dicionário de política*. 3. ed. Brasília: UnB, 1991. v. 2, p. 933-943.

TEIXEIRA, Anísio S. A pedagogia de Dewey: esboço da teoria de educação de John Dewey. In: DEWEY, John. *Vida e educação*. 6. ed. São Paulo: Melhoramentos, 1967. p. 13-41.

TEIXEIRA, Anísio Spínola. Natureza e função da administração escolar. In: _____ et al. *Administração escolar*. Salvador: Anpae, 1968. p. 9-17.

THIOLLENT, Michel J. M. *Crítica metodológica, investigação social & enquete operária*. 5. ed. São Paulo: Pólis, 1987.

VIGOTSKI, L. S. *A construção do pensamento e da linguagem*. São Paulo: Martins Fontes, 2001.

VYGOTSKY, Lev Semyonovich. *A formação social da mente*. 3. ed. São Paulo: Martins Fontes, 1989.

WALLON, Henri. *As origens do caráter na criança*: os prelúdios do sentimento de personalidade. São Paulo: Difel, 1971.

_____. *As origens do pensamento na criança*. São Paulo: Manole, 1988.

_____. *A evolução psicológica da criança*. São Paulo: Martins Fontes, 2007.

WHITEHEAD, Alfred North. *Fins da educação e outros ensaios*. São Paulo: Ed. Nacional, 1969. [1. ed. em inglês em 1929.]